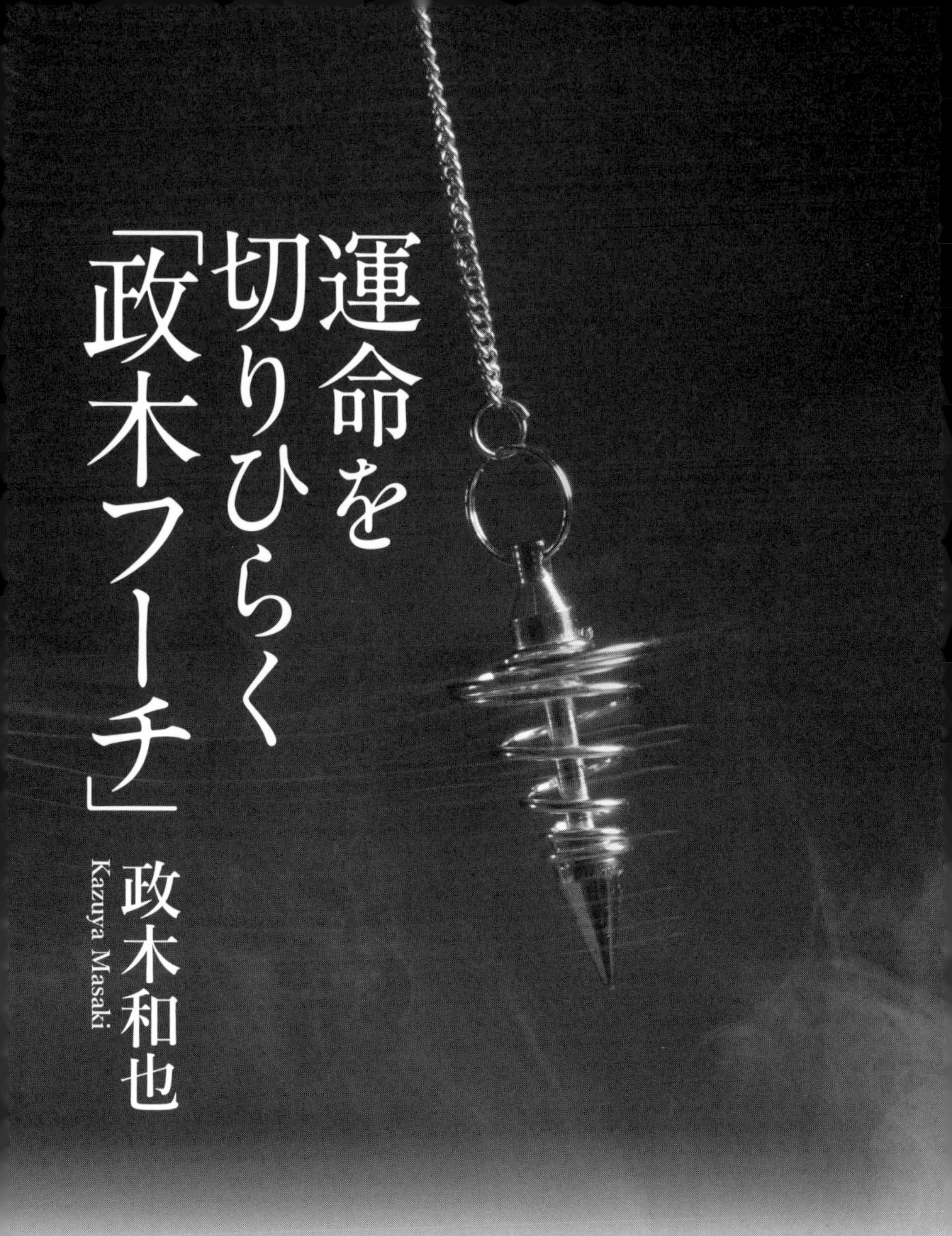

運命を切りひらく「政木フーチ」

政木和也
Kazuya Masaki

晋遊舎

はじめに——工学博士が後世に遺した最良の人生を選択するためのツール

「政木フーチ」が混沌とした世の中を切りひらく!

猛威をふるう未知なるウイルスが世界を震撼させています。

予測を超える経済の落ち込みに、自然災害の脅威も重なって、世の中は混沌を極める一方です。誰にも先が予測できない状況にあります。

漠然とした不安にかられているのは、日本人だけではありません。世界各国も緊迫した情勢にあり、同じような状況なのです。こんな時代だからこそ、未来を示す道しるべになるものが求められているのではないでしょうか。

今、この「政木フーチ」を見直す意味もそこにあると思います。

「政木フーチ」は大阪大学工学部工作センター長だった私の父、政木和三《まさきかずみ》が考案したものです。今から47年前、父が大阪大学のキャンパスを歩いていたときに、突然、天啓のように閃《ひらめ》いたのが「政木フーチ」のアイデアでした。

それは振り子を手に持って、心を〝無〟の状態にして問いかけると、振り子が動き、その動き方（パターン）で、質問の答えがわかるというものです。

人間は無心になることで、本来の自分（魂、または第一生命体といいますが、これについては後ほど説明します）とつながり、さまざまな情報を受け取ることが可能になるというのが父の考えでした。「政木フーチ」は、本来の自分自身から情報を受け取るツールだったのです。その情報の中には、もちろん、未来の予測も含まれます。

父は「政木フーチ」を使って、膨大なデータを集めました。そして集めたデータをもとに、振り子のパターンと起きる事象との関係を解析しました。

そうしてわかったことは、「政木フーチ」を活用すれば、未来に起きる出来事をはじめ、あらゆる事象の答えを知ることができるということです。

「政木フーチ」を使って自分の心に問いかければ、自分が何年後にどんな病気になるとか、勤めている会社の業績がどれくらいアップするとか、自分にとってベストパートナーは誰なのかなど、あらゆる答えがわかります。

さらにここが大事なところなのですが、**未来を知って、「今」を変えれば、未来は変わる**ということです。

父は「政木フーチ」によって、たくさんの方の命を救い、進路や結婚の相談に乗り、会社の事業を助けていました。未来は「今」の時点で確定しています。しかしタイムマシンに乗って過去に遡《さかのぼ》り、過去を変えることができたら、未来は変えることができます。同じように、「政木フーチ」とは、未来を知って「今」を変えれば、確定した未来を変えることができる存在なのです。

父が亡くなってから、父のことも、「政木フーチ」のことも知る人が少なくなってきました。「政木フーチ」は一部の経営者や富裕層、政治家の間だけで秘かに受け継がれ、一般の方々に公開される機会は少なくなってしまいました。

じつは、父は人一倍独り占めを嫌う人間でした。工学博士だった父は生涯にわたって3000件にも及ぶ発見、発明をしています。

中には炊飯器や自動ドア、瞬間湯沸器、今のCTスキャンにつながるアイデアなど、特許をとっていれば巨万の富を築けるものもありました。しかしどれひとつとして特許は取得せず、広く一般に公開してきました。社会の役に立つことこそが科学者の役割だと信じて疑わなかったからです。

父が考案した「政木フーチ」も、一部の人たちだけで独占しているのは父の本意ではありません。父が亡くなって18年。これまでは、私も、頼まれた方にしか「政木フーチ」のことをお教えしてきませんでした。

それはITが進む現代で、オカルトや非科学的なものと見られてしまうのではないか、「政木フーチ」の存在を、果たして正しく受け止めてもらうことができるのか、懸念があったからです。

しかし混沌としたこんな時代だからこそ、父が考えた「政木フーチ」の存在を広く知っていただくことが、亡くなった父の意思であり、また社会貢献になるだろうと強く感じるようになりました。

そこで私は、「政木フーチ」が考案されてから45年を記念して、2018年に『未来を変える「政木フーチ」』(晋遊舎)という本を出版しました。

反響は大きく、「『政木フーチ』で病気が見つかって、早めに手当てができた」とか「大学受験に成功した」など喜びの声とともに、「令和の時代を生き延びていくために『政木フーチ』を利用したい」という声も多くいただきました。

私が主宰している「政木フーチ」のセミナーの基礎講座、応用講座にも多数の申し込みをいただき、ウエイティングが出るほどにまでなっています。

こうした状況も鑑《かんが》み、遠方にお住まいだったり、健康上の理由から講座に来ることができないという方々や、「政木フーチ」をまだ知らない方々にも、広くこの方法を伝えていきたいと思い、今回2冊目の『運命を切りひらく「政木フーチ」』の刊行に踏み切ったわけです。

前著をお読みになった方々には、「政木フーチ」の誕生の経緯や使い方など、すでにご存じのこともあるかと思います。けれども、初めて「政木フーチ」と接する方にも知っていただくという意味で、前著と重複する部分があることをお許しいただければと思います。

この本を読んで、**みなさんが抱える多種多様な問題に解決策を見出して、よりよい方向に生きていただく**ことが、考案者である父の本意であり、息子である私の強い願いなのです。

私たちの未来は不安に満ちていると感じる方も多いかもしれません。でも未来は私たちの手で変えられます。

「政木フーチ」を使って明るい未来をつくり出す……。そのためにこの道具は、私たちに与えられたのですから、未来のために惜しみなく使っていきましょう。

猛暑の日々、蝉の声を聞きながら……。

政木和也

運命を切りひらく「政木フーチ」◎目次

第二章　未来と真実がわかる「政木フーチ」の使い方

第三章　人生をとりまく九つの要素を測定しよう

第四章　自分の健康は「政木フーチ」で守れ！

第五章　運を加速させる「政木フーチ」的生き方

第六章　生活の中で活かす「政木フーチ」の力

装幀　重原 隆
カバー写真　fergregory／istockphoto
本文イラスト　伏田光宏（F's factory）
編集協力　山田由美子
高場 朱

第一章

科学者が人生をかけて伝えたかった「見えない世界」

「政木フーチ」が誕生した背景と、
それを使うことで何がわかるのかについて、
お伝えします。

あなたの「魂の声」を聞きなさい

最初にひとつお断りしておこうと思います。

「政木フーチ」の話をすると、「それはコックリさん（五十音や数字を書いた紙の上に硬貨を置き、その上に人指し指を置いて質問をすると、硬貨がひとりでに動き出して答えを示すというもの）みたいなものですか?」とか「フーチは占いですか?」と聞かれることがよくあります。

どちらも「否」。両方とも「政木フーチ」とは本質的に異なるものです。

なぜなら、コックリさんは参加者が無意識のうちに硬貨を動かすことが多いようですし、占いは超能力のようなものと思っている人もいるかもしれませんが、じつは決められたルールや読み解き方があったり、心理学の要素が入っていたり、原点となる教本があったりと、学問に近い側面があるからです。

一方、「政木フーチ」は自分自身がすでに無意識下で持っている「正解」にアプローチして、引き出すものです。

つまり、「政木フーチ」は外部のスピリチュアルなものや手順を知っている占い師に答えを委《ゆだ》ねるのではなく、自分自身が解答者となる主体的なもの。自分が自分のことを聞き、自分が答えるのですから、やり方さえわかれば誰にでもできるようになります。

解答を導き出す主人公は、あくまで自分自身。「政木フーチ」は、自分自身を見つめるツールだということを最初に申し上げておきます。

「政木フーチ」は天からのメッセージ

まずは、「政木フーチ」をつくった私の父、政木《まさき》和三《かずみ》がどのような人物で、どのようにして「政木フーチ」が生まれたのか、その経緯からお話ししましょう。

1973年の春先のこと。父、政木和三は昼食を終えて、勤務する大阪大学のキャンパスを歩いていました。昼下がりの構内は学生たちであふれ、キラキラと春の陽光がきらめいていたそうです。

アイデアは突然降ってきました。歩いている最中、急に「棒磁石を芯にした振り子をつくる」というインスピレーションが頭の中に閃《ひらめ》いたのです。生涯で3000件にも及ぶ発明をしている父は、家にいるときも、アイデアが閃くと、突然立ち上がり、書斎に向かい、ノートに走り書きをすることがよくありました。

でもこのときのように、鮮明に、強烈に、まるで天啓のように何かのアイデアが降りてきたことはなかったそうです。

父は棒磁石を重りにした振り子をつくり、研究を始めました。そして振り子の動き方のパターンが、人によって違うことを突き止めたのです。

父が集めたデータは生涯にかけて3万人分以上に及びます。父は膨大な調査研究の末、「政木フーチ」によって読み解けることを次のように記しています。

（1）人には生まれつき持っている魂（第一生命体）と、後天的に身につけた人格（第二生命体・それぞれ後述します）があるが、「政木フーチ」ではそれぞれのタイプを知ることができる。
（2）適職や人間性、病気、余命などを知ることができる。
（3）人間関係や食べ物、薬など物や人との相性を知ることができる。

そして長年研究した成果をまとめ、「政木フーチパターン」の読み解き方や計測方法のすべてを含めて「政木フーチ」と名付けたのです。

未来を切りひらくツールの生みの親、政木和三という男

「政木フーチ」の天啓を受けたあと、父はさまざまなスピリチュアルな経験をして、精神世界の分野では少しばかり知られた人物になりました。でも、もともとは頑固な合理

主義者で、スピリチュアルな世界を徹底的に否定し、非科学的な考え方に憤りを感じていた人間です。父の経歴は、まさに典型的な理系人間そのものです。

父は関西高等工業学校（現在の大阪工業大学）を卒業後、大阪大学工学部通信工学科の研究室に入りました。しかし講義の内容はほとんど知っていることばかりだったので、航空工学科に移り、さらには造船工学科、醸造学科など、工学部の全学科の研究室を渡り歩いて、広範な知識を身につけることになりました。

その後、理学部、医学部の研究室にも身を置き、工学、医学、力学といった理系の学問の根本をほぼ網羅する学問を修得しました。

ですから、理論的に証明できない事柄に向ける父の視線には厳しいものがありました。当時、父がもっとも憤りを感じていたのは、テレビでさかんに特番が組まれる超能力番組についてでした。

1970年代は念力でスプーンの柄《え》を曲げる超能力が大ブームで、日本中の大人や子どもたちがテレビにかじりついてスプーン曲げに挑んだものです。

父は「非科学的なものを、超能力と称してテレビで流していいのか」とカンカンに怒り、テレビ局に猛抗議して、とうとう反論者としてテレビ出演することになったのです。

結果的に、このことが父を非科学的なスピリチュアルの世界に近づけるきっかけになります。というのも、不思議な力を持つ人々と知り合い、実験を重ねれば重ねるほど、科学では証明できない現象が数多く出現したからです。

科学者として、誰よりも真剣に、真摯に実験結果に向き合ってきたがゆえに父は予測外の結果に対して「静電気のしわざだろう」とか、「誤差の範囲内だろう」とか、「たまたまだろう」といった曖昧な理由でごまかすことができませんでした。だからこそ、科学では割り切れない世界があることを感じるようになったのです。

そして1975年、とうとう科学者としての根本を揺るがすような奇跡の数々に遭遇するのです。

その年の元旦のこと、父は奇妙な夢を見ました。

父は絶壁の道を歩いていました。少し行くと松の木が生え、ほこらがある岬にたどりつきました。ふと海に目を向けると、金色に輝く龍が海中から頭をもたげて父を見た、という夢です。

その年の9月、父は夢で見たのと寸分たがわぬ風景を、愛知県蒲郡《がまごおり》市の竹島で発見しました。竹島の岬には夢で見たのと同じ松の木とほこらがあり、白龍が祀《まつ》られていました。白龍は、父に大きな影響を与えた天玉尊《てんぎょくそん》さんという人物に関係する神霊でした。

のちに、父が天玉尊さんご本人にうかがったところ、1975年の元旦、まさに父が夢を見たその日は、天玉尊さんの神霊が白龍から金龍に変わったというお告げがあった日でもありました。

父の生き方を大きく変えることになる天玉尊さんとは、父が元旦に夢を見た年の7月、竹島を訪れる前に、知人の紹介で会うことになります。天玉尊さんは父の目の前で、空のつぼにお酒がわき出るという奇跡を見せます。それだけなら、手品の類《たぐい》と疑う人もいるでしょう。

しかし、翌月父の家を訪れた天玉尊さんは、私の母がお茶うけにと買ってきたまんじゅうの中から、真珠を出現させたのです。それだけでなく、母が蒸し器から出して並べたばかりの茶碗蒸しの中にも、真珠を出現させました。驚きのあまり、母は腰を抜かしてしまったほどです。

さらに同じ年の10月、父が天玉尊さんのお宅を訪問した際、それまで何もなかった棚の上に、突如、大黒天の木像が出現する奇跡を目にしました。驚いた父が木像を手にとると、みるみる像の唇が赤く色づき、黒い眉の線が描かれていったというのです。

できあがった大黒天の顔は父の顔にうり二つでした。これらの奇跡を目の当たりにして、父は科学では証明できない不思議な世界があることを確信するようになったのです。

芥川賞作家が仰天した「真珠入り生菓子」事件

父の身近に起きた奇跡は、父だけにかぎったことではありませんでした。天玉尊さんのことは、作家の遠藤周作さんが、ベストセラーになったエッセイ『狐里庵閑話』の「奇妙な女」の中でも書いています。

それによると、あるとき遠藤さんは作家仲間の瀬戸内晴美さん（のちの寂聴《じゃくちょう》）から、不思議な力を持つ女性の話を聞きます。その女性はお客さんが持参した生菓子の中から真珠を出したり、口からポロポロ真珠を出したりするそうです。

その女性こそ、父の人生を根本から変えた天玉尊さんその人です。

雨がそぼ降るある日、遠藤さんは生菓子の餅を手土産に、天玉尊さんの自宅を訪問します。座敷に通されて待っていると、巫女風の女性、天玉尊さんとご主人が現れました。

遠藤さんは、持参した生菓子に細工ができないよう、しっかり膝元に引きつけておいてから、夫婦と少しおしゃべりします。そして夫婦の目の前で生菓子の箱をあけ、真珠が出現しているかどうか、中を確かめました。

以下、遠藤周作さんの『狐里庵閑話』（新潮文庫）から引用します。

「(前略)……両手で割ってみる。何もない。次のも割ってみる。何もない。ほれみろ。出る筈がないじゃないか。三つ目。ダメ。四つ目。これも何もなし。五つ目。あっ。真珠である。黒い餡《あん》このなかに魚の眼玉のような白い真珠がはいりこんでいる。

「ひゃあ……。出たあ」

我輩、思わず溜息《ためいき》をつきました。どうしてもわからん。理由がわからん。

「出ましたね」

その途端、彼女の唇の間から、ポロッ、ポロッと真珠がこぼれだしてきた。一つ、一つ。唇の間から小さな音をたてて机にころがるのである。茫然《ぼうぜん》としてこの女性の憑《つ》かれたような顔を見ておった。

「さわってください。濡《ぬ》れてない筈ですよ」

本当だ。真珠は唾《つば》でぬれた痕《あと》もない。(以下略)」

このあと、遠藤さんは真珠をもらって帰り、瀬戸内さんにお礼の電話を入れます。瀬戸内さんも真珠を出してもらって、持って帰ったそうです。

「東京にはまだまだ、奇妙きてれつなことが色々ころがってますな」と遠藤さんは『狐里庵閑話』に書いています。

まさに科学では証明できない不思議な世界を、父だけではなく、たくさんの人たちが目撃しているのです。

息子の私が経験した不思議な世界

不思議な世界をかいま見たのは、遠藤周作さんや瀬戸内寂聴さんだけではありません。父の息子である私も、天玉尊さんによる奇跡をこの目でしっかり目撃しています。

しかしこの話はあまりに常識ではとらえどころがないため、話す相手によっては誤解を生んだり、奇異な目で見たりする危険性もあったので、今まであまり人にお話ししてきませんでした。今回、初めてこの本で明かしますが、もし、読み進めて、「うさんくさい」とか、「信じられそうもない」と思う方は、どうぞこの部分は飛ばしてお読みください。

あくまでも、私個人が、こんな経験をしたというエピソードとして紹介します。

父と親しくなった天玉尊さんは、よく大阪にある父の家に訪ねていらっしゃいました。あるとき、私の母が病気になったので、天玉尊さんに来ていただいて、ご祈祷などをしてもらい、その日は泊まっていただくことになりました。


私がまざまざと奇跡を見たのは、その夜のことです。

あれは夜中の1時か2時ごろのことでした。突然、父の大きな声で飛び起きました。

「早く、早く。2階に来てくれ」

私はねぼけまなこで、2階の客間に駆け上がりました。客間では天玉尊さんが気持ちよさそうにいびきをかいて寝ておられます。しかしその右手には、まるで手から生えているかのように、大黒天の木彫りの像がくっついているのです。

父が像を取ろうとすると、最初は天玉尊さんの手と一体化していて、くっついて取れません。けれども、そのうち父の手に平行移動するかのごとく移ってきたのです。

最初から事の次第を目撃していた父によると、目の前でまるでわき出すように、天玉尊さんの手から大黒天の像が生えてきた、というのです。

私が大黒天像を見たときは、まだ彫りたての新しい木の香りがして、木肌も白っぽいものでした。木の彫刻は、削りたてのときはみな、木肌が白っぽいそうです。しかし、しばらく空気にふれていると、表面が茶色っぽくなっていきます。

この大黒天像も翌朝になると、すっかり茶色く変化していました。もし、何らかのトリックを使って、天玉尊さんが大黒天像を出したのだとしたら、大黒天像ははじめから茶色でなければなりません。

しかし、あのとき私が見た像はまぎれもなく、たった今彫ったばかりの木の香りもかぐわしい、白い肌の大黒天だったのです。

二つの音が同時に出て、神示が語られた

その夜、起きた奇跡はそれだけではありませんでした。突然、天玉尊さんの口から神

さまの言葉、すなわち神示が語られ始めたのです。父は私に筆記具を用意させ、神示を記録させました。私は震える手で、天玉尊さんの口から語られる神示を筆記しました。

それは不思議な光景でした。

天玉尊さんはいびきをかいて、ぐっすりと寝ておられます。でもいびきをかきながらも、朗々たる声で、はっきりと神示を告げていたのです。いびきと声、ひとりの人間なのに、二つの音を同時に出す、そんなことが可能なのでしょうか。

チベット近辺では、ひとりの人間が高音と低音を同時に話す発話法があるそうです。天玉尊さんが語る神示もそのようなものだったのかもしれません。

私がノートに書き留めた神示とそのとき現れた大黒天の像は、今でも私の弟の家に大切に保管されています。

その後も、天玉尊さんはたびたび父に神示を伝えました。この本の巻末に載せた「懺《ざん》悔経《げきょう》」も、父が聞いた神示のひとつです。父によると、このお経は自分や自分の祖先がおかした罪を懺悔し、仏教でいう因果をきれいにするためのものだそうです。

「懺悔経」については、のちほど詳しく説明しますが、とにかく天玉尊さんが起こした奇跡は、まったくの科学信奉者だった父の人生を完全に変えてしまいました。それだけでなく、私自身の人生も大きく変わることになったのです。

なお、この「手から仏像が生えた話」と「神示が語られた話」はあまりに不思議な出来事だったので、私は父に「あまりこの話をしないほうがいいのじゃないか。おやじはいちおう科学者なのだし、世間的な信用をなくすかもしれないよ」と忠告しました。

しかし、父ははっきりとこう言ったのです。

「たとえ10人のうち9人が、あり得ないと否定しても、残るひとりが耳を傾けてくれたらそれでいい。そのひとりが大事なのだ」

父のその言葉を思い出し、私も今回、初めて、本でこの体験を明らかにすることにしました。

世の中には、私や父のように、不思議な体験をした方はたくさんおられるのではないでしょうか。しかし多くの人々は、偏見をおそれて体験を明らかにしようとはしません。

父は自身の社会的な立場や保身をいっさい考えずに、経験したことを包み隠さず公にしてきました。父の態度、生き方は息子の私から見ても尊敬に値するものだったと思っています。

この世のしくみがわかった！　第一生命体と第二生命体の話

人には生まれつき持っている魂（第一生命体）と、後天的に身につけた人格（第二生命体）があるとお話ししました。

私の父は、科学者でありながら、「魂」の存在を感じるようになっていました。いわゆる〝虫の予感〟〝第六感〟、アイデアが降りてきたりするのは、何か「魂」のようなものがあって、そこからメッセージを受け取るのではないかと、父は考えたのです。

最初はたんなる仮説にすぎませんでしたが、やがて父自身が魂から直接、明快なメッセージを受け取ることができるようになり、魂、すなわち「政木フーチ」でいうところの生命体の存在が確信に変わりました。

虫の知らせに関していうと、こんなことがあったそうです。あるとき、父の元に、知り合いのある裕福な男性が訪ねてきました。世間話をしているうちに、父の頭の中にフワーッとその方の前世が見えたそうです。不思議だな、と思いつつも、包み隠さず話すのが父の流儀ですから、浮かんだことをそのまま相手に伝えました。

「あなたは350年前に7人の人を殺しています。その因果を解消しなければ、家が途絶えてしまいます。あなたは何十億もの財産を持っているそうですから、そのうちの1割でもいいですから、隣近所の家に1000万円ずつお配りしなさい」

こんな荒唐無稽な話を信じろというほうが無理でしょう。男性は生返事をしてそのまま帰っていきました。それから1カ月後のことです。なんとその方のひとり息子が誘拐され、殺されてしまったというのです。

事件は地元でも大変なニュースになり、私もよく覚えています。犯人は、男性の近所に住む男で、脅迫状ではなんと父がアドバイスしたのと同じ額、1000万円を用意するようにと指示されていたといいます。

父の頭に浮かんだ前世のイメージは、父の魂、すなわち生命体からのメッセージだったと父は言います。生命体は前世も未来も見ることができるのだ、と父は改めて確信したそうです。


ところで、その生命体から、父はこんなメッセージを受け取りました。生命体はどこから来たのかと、父がずっと疑問に思っていたところです。

私たちが、ぼんやり〝魂〟として感じている生命体は、じつは地球から遠く離れた高度な文明と精神性を持つ星から、UFOに乗ってやってきたというのです。今から3億6000年前のことだったそうです。

彼らが住む星は大爆発を起こして消滅してしまい、生命体はそこから避難して、地球上に降り立ったのです。

当初は肉体がありましたが、やがて滅びてしまい、エネルギーだけの形になって地球

〈第一生命体と第二生命体を
コンピュータでたとえてみる〉

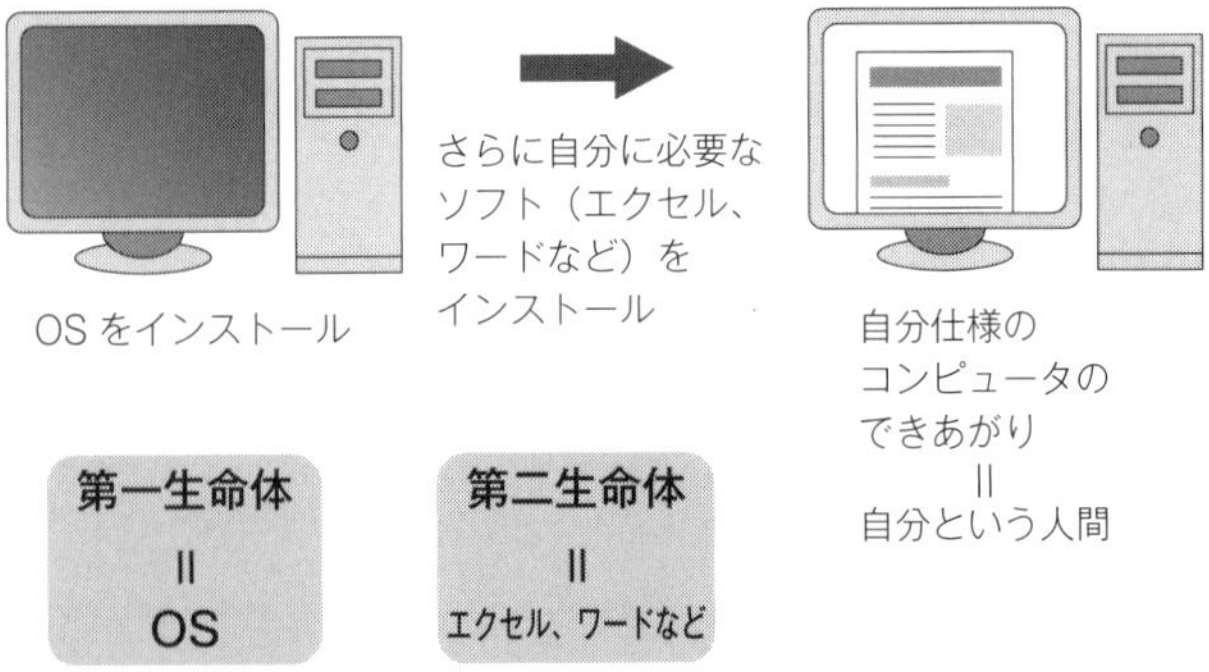

上の動物や植物の体を借り、転生してきました。そして今から３００万年前に、ようやく人類が誕生すると、人間の肉体に宿ったのです。

それが魂である「第一生命体」です。第一生命体は、人間がこの世に誕生した瞬間に、肉体に入ります。以後、その第一生命体がその人の本質になります。そして、その人が亡くなると、また別の人間の肉体に移ります。

一方、第一生命体とは別に「第二生命体」というのもあります。こちらは生まれたあと、10歳くらいまでの間に、その人に宿る生命体で、複数あることもあります。また、途中で入れ替わることもあります。

なお、その人により強い影響をその与えるのは、本質である第一生命体のほうです。

第一生命体と第二生命体の関係は、コンピュータを例にとって考えると、よくわかります。ウィンドウズやマックのようなOSが第一生命体。ワードやエクセルのようなOS上で動くソフト・アプリが第二生命体というわけです。その中には、ウイルスのように悪さをするものもあります。そして入れ物であるコンピュータが人間の肉体です。

コンピュータという箱に、どんなOSとアプリを入れるかで、その人の魂と人間性、性質、能力が決まるというわけです。

邪悪な生命体「シチパチ」とは？

生命体の中には、長い期間、動物や植物に宿ってきたために、当初の高いエネルギーレベルを失い、邪悪なエネルギー体になってしまったものもあります。

その中でももっとも邪悪なものが「シチパチ」（キチパチという呼び方もある）と呼ばれる生命体です。

もともと「シチパチ」とはサンスクリット語で、「火葬の王」「墓場の主・支配者」という意味です。

骸骨の姿をした異形の神さまで、「屍陀林王《しだりんおう》（チティパティ）」とも呼ばれます。西洋でいえば、死神のようなイメージでしょうか。チベット仏教のシチパチは、男女の骸骨が火の中でダンスをしている姿で描かれています。

ちなみに、「シチパチ」をインターネットで検索すると、恐竜の名前がヒットします。オヴィラプトル科の恐竜で、発見された化石の状態が、シチパチがダンスを踊っている姿に似ていたことから、この名前になりました。

このシチパチが第二生命体にとりつくと、余命6カ月、あるいは重度の精神障害が現れます。

なお、シチパチがとりついている状態は「政木フーチ」のフーチパターン（振り子の揺れ方）でわかります。振り子が58ページにあげたようなデタラメな動きをするときは、医師の診察を受けることをおすすめします。

「シチパチ」に関しては、つい最近、私はこんな経験をしています。東京に住む20代のある女性からの相談です。このところ頭痛がして起き上がれないというのです。女性に重大な病気があるかどうか「政木フーチ」で測ってみましたが、まったく異常はありません。

おかしいと思い、試しに女性の父親、母親を測ってみました。するとその最中に、どこからともなく焼け焦げた臭いがしてきたのです。そして女性の母親のフーチパターンが、まぎれもないあの「シチパチ」、骸骨が火の中で踊っているようなデタラメな動きを示しました。

驚いて母親を細かくみていくと、家が火事になって焼死すると出たのです。私はゾッとしました。すぐ女性に、「お母さんを実家から東京に呼び寄せなさい」とアドバイスしました。家を離れれば、母親が焼死する危険もなくなります。

女性は、頭痛を理由に母親を東京に呼び寄せました。その翌日のことです。実家で父親が足を骨折し、救急車で病院に運ばれるという事故が起きました。家には認知症をわずらう祖母がひとりで残されました。おそらくこの祖母の火の不始末で火災が起き、「母親が焼死する」という未来が存在していたのではないでしょうか。

すぐに祖母をショートステイで預かってもらい、家の火の元もチェックしてもらったので、火事を出すことはありませんでした。母を東京に呼び寄せたことで、「今」が変わり、その延長線上にあった「未来」も変わったのです。あのとき「政木フーチ」で「シチパチ」を判定できたことで、人の命が救われたのです。

第二生命体が入れ代わった国民的女優

一方、第二生命体のほうは後付けのアプリなので、突然アンインストールされてなくなってしまったり、別のものに入れ代わったりすることがあります。

私は先日ハワイで、第二生命体が入れ代わる、まさにその瞬間に立ち会ったことがあります。所用でハワイに行く予定があり、たまたま知り合った瞑想の先生や生徒さんたちと、現地で一緒に瞑想することになりました。

その場には、20歳過ぎの英語がまったく話せない日本から来た若い女性がひとりいました。

みんなで瞑想をしていたときのことです。突然、その若い女性の様子がおかしくなったのです。まったく英語が話せないはずなのに、楽しそうに英語で歌を歌い出し、同じ部屋にいたハワイ大学のアメリカ人の教授とも不自由なく英語で会話を始めました。

彼女は自分のことを12歳の男の子だと言い、終始、楽しそうに英語でしゃべったり歌ったりしています。私たちが日本語で話しかけても、まったく反応しません。

そのまま2時間たっても元に戻らないので、私は瞑想の先生と相談して、ある特殊な瞑想をしてお経を唱えました。すると、突然、若い女性は目が覚めたように、瞬時に元の状態に戻りました。

「大丈夫だった？」と私たちが聞くと、彼女は「12歳の男の子が、『ありがとう』とすごくうれしそうにお礼を言って、成仏していった」と不思議なことを言います。

おそらく12歳で亡くなったハワイの少年のエネルギーが、第二生命体として浮遊していて、瞑想中だった彼女の中にインストールされてしまったのではないでしょうか。英語が話せない彼女が、ハワイ大学の先生と普通に会話ができるようになったのは、そのせいだったと思われます。

そのアプリが私たちの処置によってアンインストールされたので、再び英語が話せない元の女性に戻ったのです。

こんな例もあります。ある国民的女優のケースです。

若いころ、彼女はため息が出るくらい色香のある女優さんでした。

私は彼女の大ファンで、彼女が出るテレビ番組や映画を欠かさず観ていたくらいです。ところが60代になった今、彼女はかなりふくよかになり、まるで別人のようになってしまったのです。おっとりしたかわいいおばさん、という風貌です。

ある時期を境に、驚くほど容貌が変わってしまったのですが、おそらく魔性の女としての第二生命体がアンインストールされて、かわりに、かわいいおばさんの第二生命体がインストールされたのではないでしょうか。

意図的なのか、そうではないのかわかりませんが、新しい第二生命体によって結果的には、女優としては年齢相応に、演じる役をうまく変換できたのではないかと思います。


この女優さんのように、新しい能力が備わったり、自分の中に眠っている能力に目覚めたりと、いくつになっても才能は開花するものです。なお、「才能の開花」には、具体的には、①自分がもっているアプリ（第二生命体）を起動させること、②自分がもっているアプリ（第二生命体）をバージョンアップすること、③新しいアプリ（第二生命体）をインストールすることの3種類の方法があります。


コンピュータの世界で考えてみましょう。

まず、①の場合です。

コンピュータのディスプレイ上にはワード、エクセル、アウトルックなどのアイコンが表示されています。これらは現在よく使っているアプリです。

しかし、ほかにもズーム、スカイプ、ビデオエディター、フォト、ペイント3Dなど、役に立つ数多くのアプリがパソコンにインストールしてあります。

これらはあまり使っていないアプリです。これと同じことで、人間には、使ってない才能が数多く眠っているということです。それらを「政木フーチ」で発見し、起動（やってみる）すれば新しい才能が開花します。

②は研鑽《けんさん》を積み、新しい情報や改善点を取り入れながら謙虚な姿勢でさらに上を目指すこと、これがバージョンアップということです。

③について考えてみましょう。

自分のコンピュータにはないアプリも世の中には数多くあります。アプリなら、インターネットを使って無料、もしくは有料で手に入れることができます。

人間の場合は、第一生命体に手を合わせてお願いして、来てほしい第二生命体を呼び込むよう努力をするのです。

「手を合わせる」ことが、コンピュータでいう「Ｗｉ‐Ｆｉに接続→オンラインの状態」になります。

ここでいう「手を合わせる」は、実際に両方の手のひらを合わせて、一途に願うことです。そうして新しいアプリをインストールするのです。

また、「政木フーチ」を使うことに慣れてくると、さまざまな能力をもった第二生命体と対話ができるようになります。これには言語は関係ありませんので、イギリス、フランスの第二生命体にもアクセスできます。

さらに、高い能力をもった第二生命体を自分に招き入れることもできます。その能力を借りたら、従来にない成果を上げることが可能となります。

私の父は、ふだんはピアノが弾けない人でした。ただ、ある講演のときに「今からピアノを弾きます」と宣言したあと、かなり難易度の高い曲を弾いたそうです。

息子の私は、講演のテープを聞いて、びっくりしました。

父が難易度の高いピアノ曲を弾けたのは、そのときピアニストの第二生命体を自分に招き入れたからです。

なお、第二生命体の中には邪悪なものもあります。自分の中に邪悪な第二生命体があると、病を引き起こしたり、学業や仕事の妨げになったりします。この悪いエネルギーはアンインストールする必要があります。

それについては、後の章で説明していきます。

私の父が、生涯探求し続けた不思議な世界。そして、その世界を照らし出してくれる父が生み出した「政木フーチ」。「政木フーチ」を活用すれば、待ち構えている災難も回避でき、自分の未知なる可能性を開花させることもできるのです。

では、その具体的な使い方について、次の章から紹介していきましょう。

第二章

未来と真実がわかる「政木フーチ」の使い方

やり方、道具である振り子と測定表を扱う際の注意点、フーチパターンの読み解き方について、具体的に見ていきます。

きれいな5円玉を使った手づくりフーチ

「政木フーチ」に使う振り子は、最初は棒磁石でつくられました。しかし、たくさんの測定結果を集めるうちに、必ずしも磁石でなくても、適度な重さを持つ重りであれば何でもいいことがわかりました。

大切なのは、先入観を持たずに無心になること。**「政木フーチ」は道具が大切なのではなく、それを使う人間の心の状態が重要**なのです。

「政木フーチ」に使う振り子は、とくに高価なものは必要ありません。いちばん簡単なのは5円玉を20~30センチほどの糸で結んで振り子にすることです。

このとき注意したいのは、きれいな硬貨を使うこと。お金はたくさん人の間を渡り歩きます。その分、人のさまざまなエネルギーが乗りやすいので、振り子の軌跡に影響を

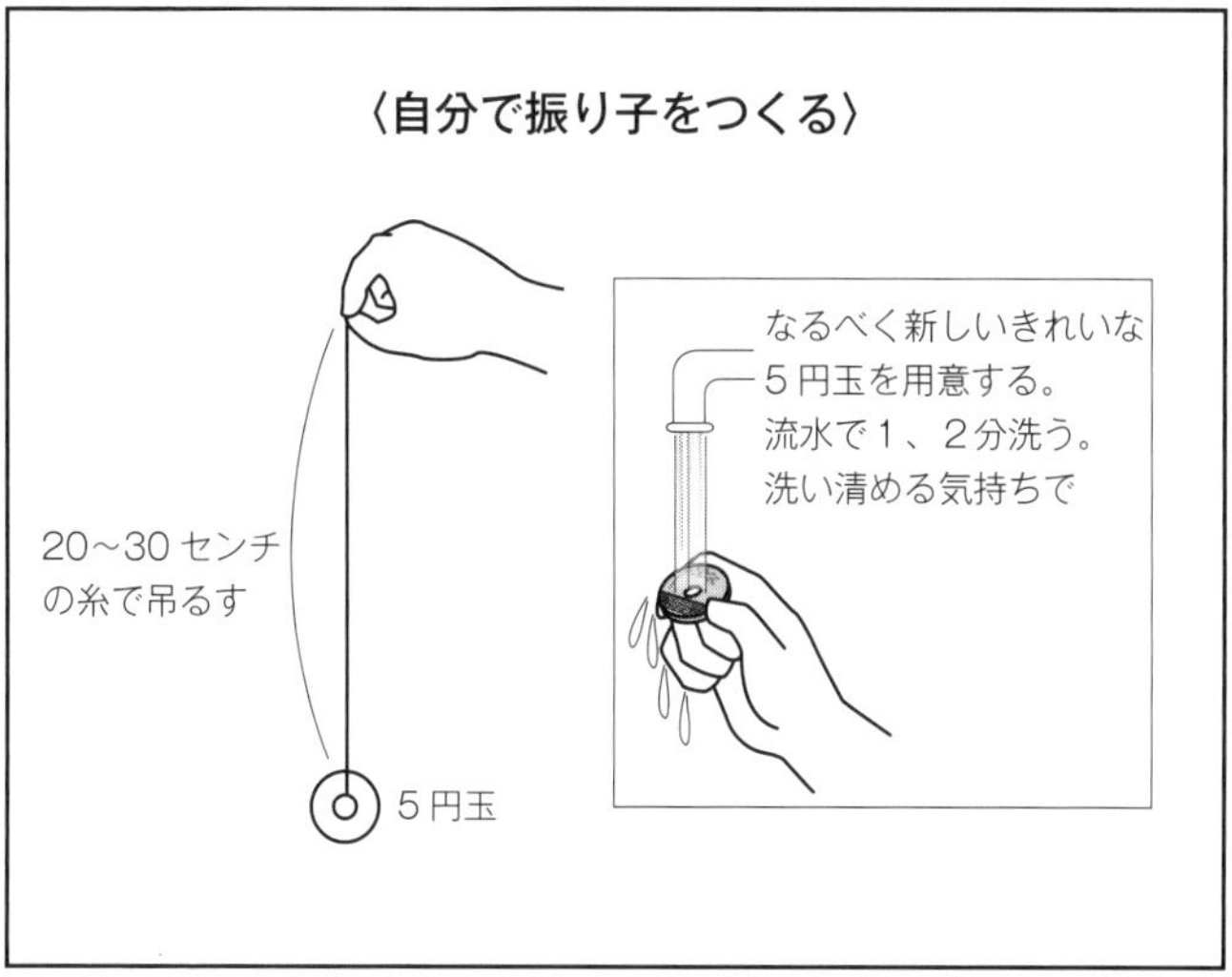
〈自分で振り子をつくる〉
20～30センチの糸で吊るす
5円玉
なるべく新しいきれいな5円玉を用意する。
流水で1、2分洗う。
洗い清める気持ちで

及ぼすことがあるからです。

なるべく新しいきれいな5円玉を、1、2分間くらい流水でよく洗い、使うようにしてください。

基本に忠実に磁石を使ってやりたいという人は、太さ3ミリ、長さ3～5センチの棒磁石を30センチの糸、または鎖にぶら下げると、動きやすい振り子をつくることができます。

身近に棒磁石がなければ、木綿針を10本ほど束ねて磁石に近づけ、磁化させてもいいでしょう。

磁石の強さはあまり関係ないので、磁気が弱くても気にすることはありません。

市販されているものを購入する際の注意点

「政木フーチ」は基本的には道具にこだわりませんので、「ペンデュラム」として市販されているものを購入されてもいいと思います。

ペンデュラム（ｐｅｎｄｕｌｕｍ）とは、英語で「振り子」の意味です。欧米では古くからペンデュラムを用いて、地下に眠る水脈や鉱脈、宝物などを探しています。このペンデュラムには水晶や金属を重りに用いたものが多いようです。

インターネットではアマゾンや楽天市場などで「ペンデュラム」で検索すれば、１０００円台から販売されています。**値段に関係なく、気に入ったものを購入されればいいと思います。**

選ぶ際の注意点を申し上げますと、重りの材質はメタルでも、水晶でも、石でも何でもかまいません。ただ、色が白や透明のものは悪いエネルギーを吸収しやすいので、避けたほうがいいでしょう。もし白や透明のものを持っている方は、週に1回、1、2分間くらい流水で洗えば大丈夫です。

ピンクや黒の色のものは比較的エネルギーが乗りにくいので、おすすめです。

それでも、何回か使っていると、悪いものが乗ってきますから、2、3週間に1度は流水洗いをしてください。とくに体に害がある食べ物など、マイナスのエネルギーを発するものを測定した場合には、そのあと流水で洗ったほうがいいと思います。

重さも重要です。初心者は重りが重いと、なかなか振り子が動きません。初めて購入するなら、軽いものがおすすめです。

しかし軽い重りにはデメリットもあります。戸外で測定するときに風の影響を受けたり、室内でもエアコンの風で動いてしまうことがあるのです。

外で使うときは、重いものを使うようにしましょう。できれば、ふだん用の軽いものと、外で使う重いものを2種類用意すれば完璧です。

私の場合ですと、チタン製の軽い重りやピンク水晶の重いものなど、いくつかペンデュラムを持っていて、そのときの状況で使いわけています。

実際に測ってみよう

「政木フーチ」の測り方

振り子を手に持ち、心を無の状態に整えて質問を念じていると、振り子が動き始めます。その動き方のパターン（軌道）で答えを出していきます。

いちばん簡単な「政木フーチ」の使い方は、振り子の回る向きで見る方法です。

振り子は答えが「イエス」なら右回り、「ノー」なら左回りに動きます。たとえば自分がふだん飲んでいるペットボトルの飲み物を置いて、前に振り子を垂らし、この飲み物が自分にとっていいかどうかを聞いてみます。

右回りに回るなら、その飲み物は自分に合っています。左回りなら合っていません。

この方法で食品から化粧品、シャンプーなどの日用品まで、何でも測ることができるのです。さらに詳細に知りたければ、測定図表を使いましょう。

本書の209ページ以降に〈巻末付録〉として複数の種類の測定図表を用意しました

が、「政木フーチ」の計測には、どんな測定図表を使ってもかまいません。自分の使いやすいものでけっこうです。

では、試しに2種類のペットボトルの飲料を測ってみましょう。今回は初心者の方でもわかりやすいように、測定図表②を使います。

以下の順番で飲み物を測っていきます。

（1）測る対象（この場合はペットボトル）を目の前に置きます。対象物が目の前にない場合は、それをイメージします。

（2）振り子のひもの部分を親指と人指し指ではさみ、測定図表の中央に垂らします。このとき、肘は机について固定します。

（3）振り子の重り部分を見つめて、頭の中を空っぽにします。姿勢を正しくして、腹式呼吸をしてください。1、2分もすると心が落ち着いてきます。

（4）重りの周囲が白っぽく輝いて見えるようになったら、無心になった証拠です。この状態で脳波を測るとシータ波（浅い睡眠の状態）かアルファ波（リラックスし

〈政木フーチの測定方法〉

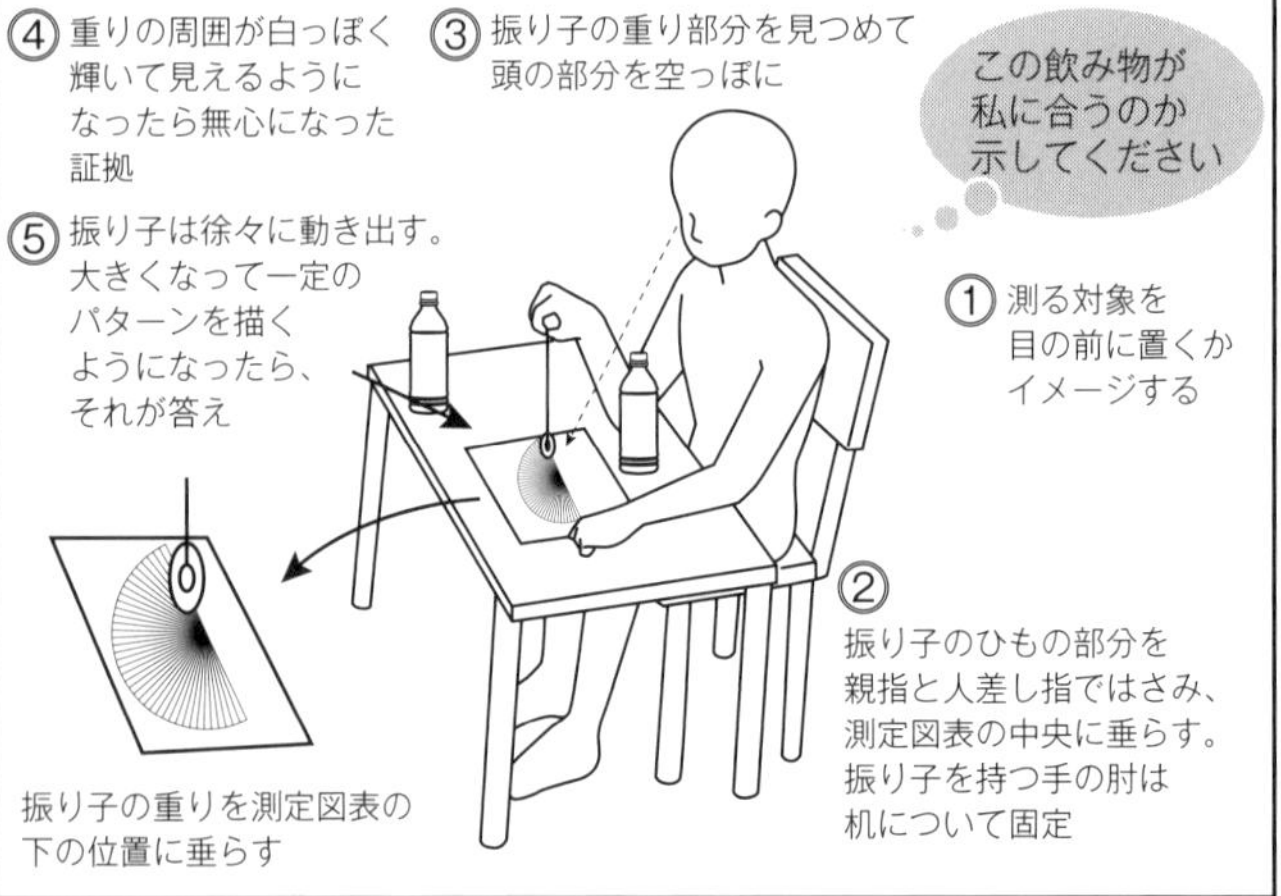
④重りの周囲が白っぽく輝いて見えるようになったら無心になった証拠
③振り子の重り部分を見つめて頭の部分を空っぽに
この飲み物が私に合うのか示してください
⑤振り子は徐々に動き出す。大きくなって一定のパターンを描くようになったら、それが答え
①測る対象を目の前に置くかイメージする
②振り子のひもの部分を親指と人差し指ではさみ、測定図表の中央に垂らす。振り子を持つ手の肘は机について固定
振り子の重りを測定図表の下の位置に垂らす

た状態）になっています。「この飲み物が私に合うのか示してください」と念じます。

（5）振り子は徐々に動き出します。だんだんと動きが大きくなって、一定のパターンを描くようになったら、それが答えです。

2本のうちよりプラスの値が多いほうが、自分の体に合った飲み物です。数値が最大値の20を振り切ったら、さらに大きな数字の目盛りがある測定図表①を使ってもいいですし、②の目盛りの単位を現状の「0、10、20」から「0、100、200」に変えたと仮定し（頭の中でそう思うだけで大丈夫です。もちろん自分で書き替えても）、再び測ってみてもいいでしょう。

すると、一方はプラス30でもう一方はプラス180など、違いがわかります。プラス200を超えると、それは自分にとても合っていると思っていいでしょう。

私の知り合いの医師は、ペットボトルの水はクリスタルガイザーしか飲みません。彼にとってはそれがいちばん体に合うからです。しかし彼にとっていい水が、あなたにいいとはかぎりません。必ず自分で自分に合ったものを測定し、見つけましょう。

自分にとって最適なものが具体的な数値でわかるのが「政木フーチ」の優れた特長です。

誰のことを測るのか

「政木フーチ」で最初に知るのは自分自身について

「政木フーチ」では、人の性格やエネルギーの特性、適職、病気などのほか、過去や未来がわかります。自分のことはもちろん、人のこともわかりますが、まずは自分のことをしっかり知っておく必要があります。「政木フーチ」で自分の人間性を測定してみましょう。ここでいう人間性とは「第一生命体＝魂」と同じ意味です。

先ほどやったように振り子を持ち、姿勢を正して、腹式呼吸をします。使うのは巻末の測定図表⑤がいいと思います。父はこの測定図表を好み、これひとつですべてのことを測定していました。ひじょうに汎用性が高い、何にでも使える便利な測定図表です。

重りの部分に集中して、なんとなく重りの周囲が白っぽく見えるようになったら、「私の人間性（または第一生命体）を示してください」と念じます。

振り子は徐々に動き出し、だんだんと振り幅が大きくなって、一定のパターンを描くようになります。それがあなたの人間性（第一生命体）です。

どうですか？　動きましたか？　初めてやるときは、振り子が動かなくても焦らないでください。無理に動かさず、自然に動くまで待つようにします。今日が無理なら、明日、また試してみてください。自然に動くのを待つ姿勢がポイントになります。

出たパターンを判定してみましょう。前著でも判定については掲載しましたが、今回はさらに詳細にしました。

なお、振り子が描く軌道であるパターンのことを「フーチパターン」と呼びます。以降は文中でもその言い方をします。

【横一直線】　天才タイプで発明や芸術的センスに優れています。アーティスト、発明家に向いています。企画、開発関連の仕事もいいでしょう。

【縦一直線】　努力型で修練を重ねる職人タイプ。自信家です。大工、工芸家、システムエンジニアに向いています。

【丸い円】　すべてを包み込む穏やかな菩薩のような優しい人です。指導的立場が向いています。

【縦軸から左右に20度傾く】　石橋をたたいて渡る慎重な人です。

【縦軸から左右に45度傾く】　自由奔放で気ままな人。自己中心的で社会性に欠けるところがあります。

【横軸から上下に20度傾く】　してはいけないことをする人間性。あまりよくないフーチパターンです。

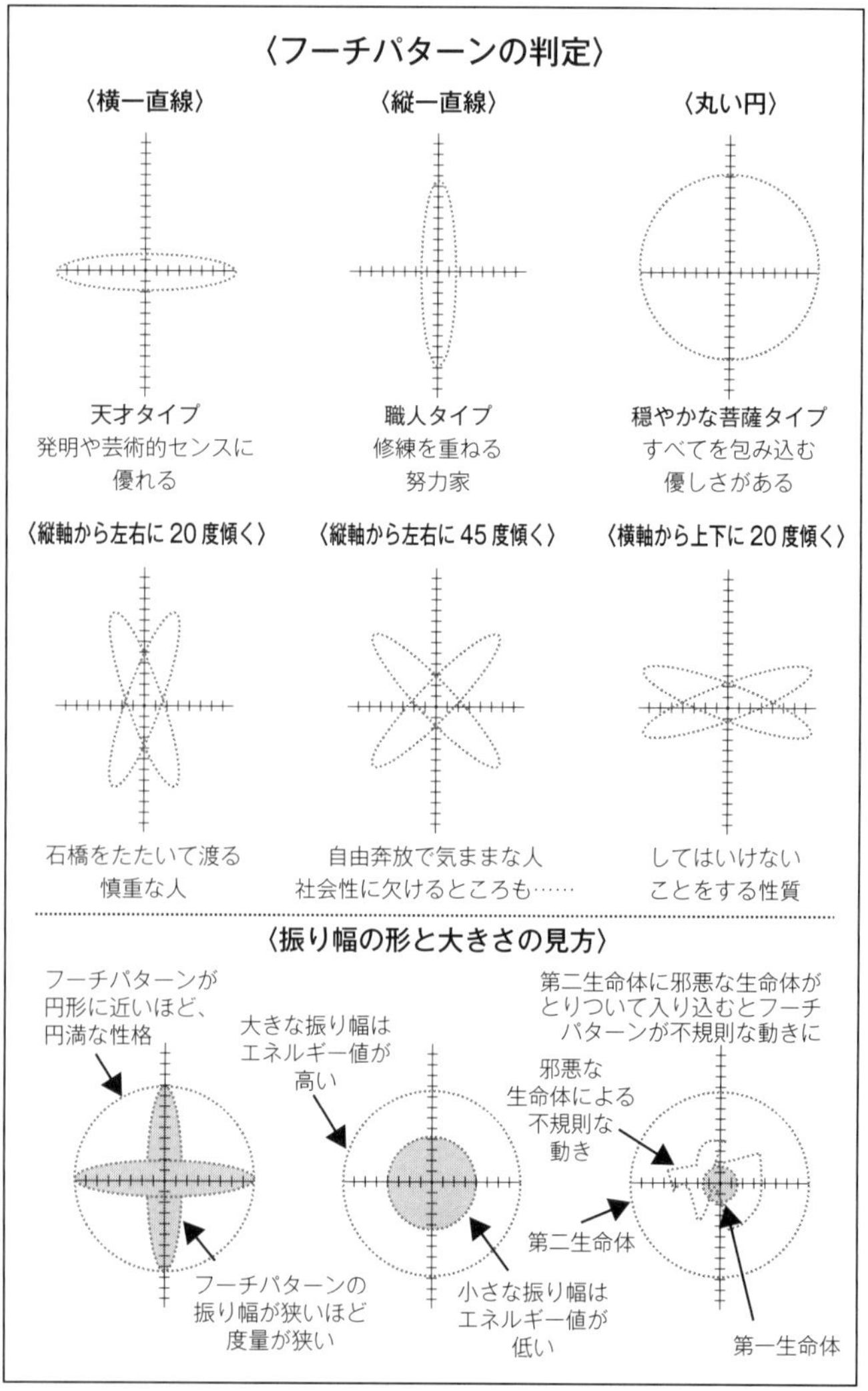
〈フーチパターンの判定〉
〈横一直線〉
天才タイプ
発明や芸術的センスに優れる
〈縦一直線〉
職人タイプ
修練を重ねる努力家
〈丸い円〉
穏やかな菩薩タイプ
すべてを包み込む優しさがある
〈縦軸から左右に 20 度傾く〉
石橋をたたいて渡る慎重な人
〈縦軸から左右に 45 度傾く〉
自由奔放で気ままな人
社会性に欠けるところも……
〈横軸から上下に 20 度傾く〉
してはいけないことをする性質
〈振り幅の形と大きさの見方〉
フーチパターンが円形に近いほど、円満な性格
フーチパターンの振り幅が狭いほど度量が狭い
大きな振り幅はエネルギー値が高い
小さな振り幅はエネルギー値が低い
第二生命体に邪悪な生命体がとりついて入り込むとフーチパターンが不規則な動きに
邪悪な生命体による不規則な動き
第二生命体
第一生命体

おおまかに言うと、振り子が描くフーチパターンが円形に近いほど、人間的に円満であり、振り幅が狭いほど度量も狭くなると理解してください。また縦方向の垂直に近ければ近いほど、バランスがとれた考え方ができ社会性がありますが、縦軸に対して左右に傾くにつれて自我が強くなります。

また振り幅は、その人が持つエネルギーの大きさとも比例しています。大きな振り幅のフーチパターンを描く人は、エネルギー値が高く、勢いがあります。小さなフーチパターンの人は、エネルギー値が低いといえます。

「フーチパターン」を知る

自分の魂を成長させるためにも「政木フーチ」は必要

なお、ここで判定した人間性は第一生命体ですので、基本的には生涯変わりません。

しかし人間的に修行を積むことで、第一生命体を成長させたり、入れ替えたりすることができます。

あるとき、私のセミナーで自分自身の人間性を知るワークをしていたところ、ひとりの男性が、「してはいけないことをする人間性」と出てしまいました。私が本人の了解を得て測定してみても、同じ結果です。

彼は結果に大変なショックを受けていましたので、私が天国にもっとも近いパワースポットとしておすすめしている、岡山県の龍泉寺を紹介しました。その後、彼は龍泉寺に行ってご住職からご祈祷を受けたあと、高野山でしばらく坐禅の修行をしてきました。

しばらくたって私が再度測定してみたところ、フーチパターンはまん丸の菩薩型に変わっていました。「政木フーチ」で自分の人間性を知ったことで、魂の修行をし、人間性を高めた結果、第一生命体が入れ替わったのです。こういうこともあるのです。

もし、あのとき彼が自分の人間性を知ることがなかったら、そのまま放置して、もしかすると、法律にふれるようなことをして会社をくびになったり、ひどい裏切りをして家族を悲しませたり、最悪の場合は刑事事件の加害者などになる危険性もあったかもしれません。

「政木フーチ」で自らの人間性を知ったおかげで、彼は自分の運命を変え、最悪の人生を回避することができたのです。

このように「政木フーチ」で測定した人間性は、本人の努力で変化させることができます。もしあまりよくないフーチパターンが出てしまっても、落ち込まないでください。船井総合研究所の創業者・船井《ふない》幸雄《ゆきお》先生がおっしゃっていたように、**「自分のため、世のため人のため」に努力していけば、必ずフーチパターンは円満な人間性を示すものに変わっていく**でしょう。それが魂の成長というものです。「政木フーチ」は目に見えない魂の成長がひと目でわかる、とても貴重なツールといえるのです。

第二生命体のフーチパターンも測ってみよう

第一生命体のフーチパターンがわかったら、今度は第二生命体のフーチパターンを測ってみましょう。第一生命体と違って、第二生命体は生まれたあと、10歳くらいまでの間にインストールされます。育てられ方や人間関係など周囲の影響も受けやすく、環境によって、第二生命体がコロコロ入れ代わってしまう人もいます。

第二生命体の測り方も、第一生命体と同じです。使用する測定図表も同じです。振り子を持って深呼吸し、「私の第二生命体を示してください」と念じてみましょう。

なお、前著では、第一生命体を測ったあとしばらく無我の状態で振り子を持っていると、再び振り子が揺れ出し第二生命体のフーチパターンを描く、と説明しましたが、初心者にはこれが難しいようです。

いろいろお問い合わせもいただきましたので、この本では簡単に「私の第二生命体を示してください」と念じる方法をとりたいと思います。

動き出した振り子のフーチパターンで、第二生命体の性質をみます。第二生命体は、第一生命体を囲むように大きな形になるのが一般的です。フーチパターンの意味は第一生命体のときと同様、58ページの図で読み解いてください。

〈フーチパターンでわかる第一生命体と第二生命体の違い〉

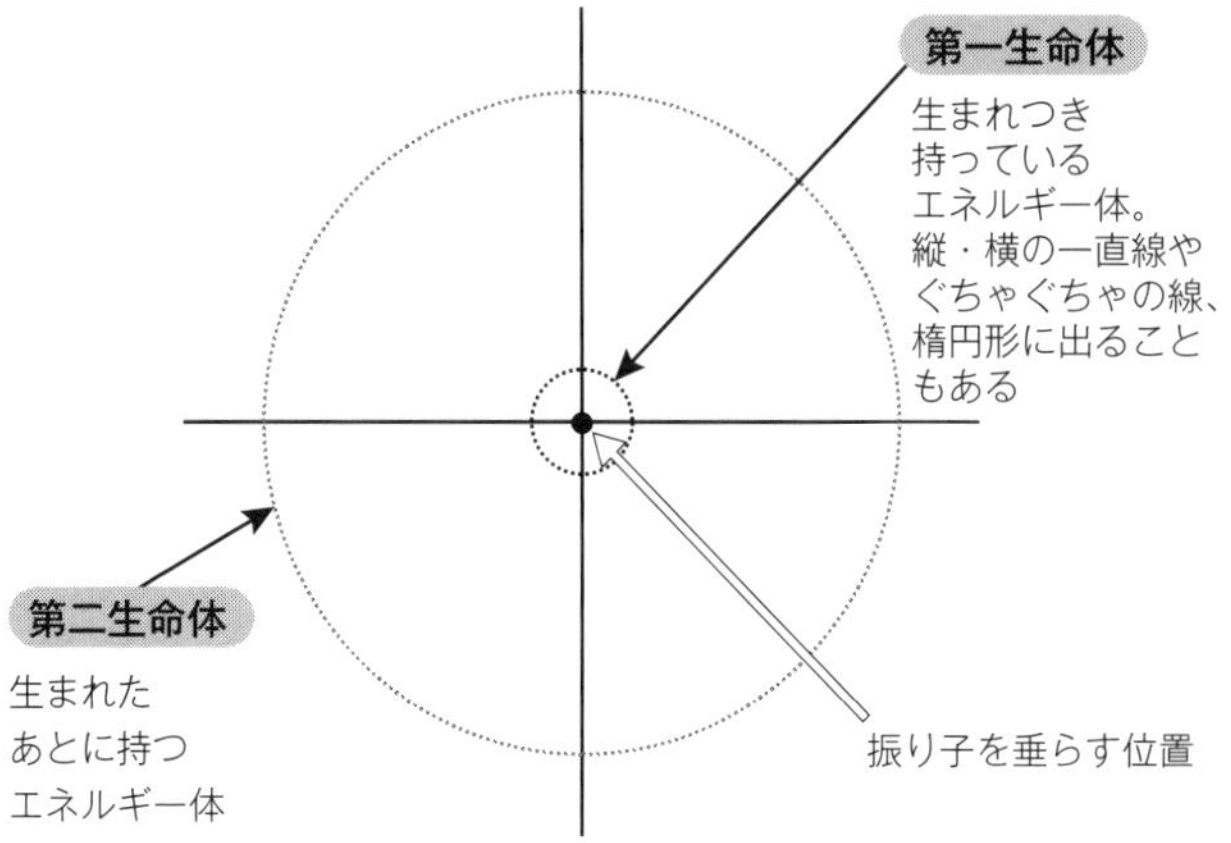

基本的に、第一生命体の性質が持って生まれたその人の本質で、第二生命体の性質は後付けです。

もし第一生命体は円満で穏やかなのに、第二生命体が反社会的で危険なパターンを描くとしたら、周りにいる人がよくないのかもしれません。

ある集まりで、私が頼まれて「政木フーチ」で測った若い女性は、第一生命体は大きくて、まん丸で、菩薩のような穏やかな生命体でしたが、第二生命体をみると、横軸から上下に20度傾く反社会的なフーチパターンでした。

聞いてみると、演劇にのめり込み、定職につかないあまりたちのよくない男性と付き合っているようです。女性は彼の才能を信じていましたが、「政木フーチ」でみるかぎり、現在のままだと不幸な未来しか予測できません。

私は、第二生命体の内容についてアドバイスし、女性はしばらくして交際をやめました。その後、再び女性を「政木フーチ」で測ってみると、第二生命体は第一生命体と同じように、丸い円の優しいパターンに変わっていました。「政木フーチ」を使うと、そういうこともわかるのです。

「天寿」と「寿命」を知ろう

自分の天寿と、今の状態での寿命をみてみよう

自分の人間性がわかったら、次に自分の寿命を「政木フーチ」で測ってみましょう。「寿命を測るなんて、こわい」とか「知りたくない」という人もいるかもしれませんが、

ここで測る寿命とはあくまで、「今のままでいった場合」の寿命。つまり「今」を変えることで、変えられる寿命のことです。自分で変えられるのですから、知ってもこわいことはありません。

「寿命」を測るには、〈巻末付録〉測定図表①がわかりやすいと思います。振り子の位置を測定図表の中央に合わせ、心を無の状態にしたら、「今のままだと、私の寿命は何歳ですか？」と念じます。振り子が動き出して、動きが安定したときに指し示している数字があなたの寿命です。

どうですか？　予想通りでしたか？　意外でしたか？

次にあなたの「天寿」を測ってみます。「寿命」が「このままの生活をしていると自分は何歳まで生きられるか」なのに対して、「天寿」とは生まれたときにすでに決まっている寿命のことです。人間は生まれる前から、今生では何歳まで生きると決まっているようです。

ですからこの「天寿」は、「今」を変えても変えることはできません。もし知るのがこわい方は、無理して測らなくてもいいでしょう。やりたい方だけ測ってください。
やり方は「寿命」を測るときと同じです。「私の天寿はいくつですか?」と聞いてみましょう。

私が「政木フーチ」で自分の寿命を測るようにおすすめするのは、万が一の不幸を事前に避けられる可能性があるからです。

「はじめに」でもお話ししたように、今の時点で未来は決まっています。しかし、それはあくまで「今」の時点の未来であって、その「今」を変えれば、未来も変わります。

もし、今元気でピンピンしている人が、「政木フーチ」で測って、余命が1年しかないと出たとしたら、その人は事故に遭うか、大きな病気になるか、いずれにしても何か予測しない事態が起こる可能性があります。

その何かを、さらに「政木フーチ」で細かく絞り込んでいけば、いつ事故に遭うとか、どんな病気にかかるかがわかるので、未然に防げるわけです。実際、私も父も「政木フーチ」で何人もの方の命を救っています。

最近もこんなことがありました。岡山の知人の紹介で、ある女性の仕事について調べたことがあります。女性は1年後に独立を考えていたので、3年後、5年後、10年後の年収を測定してみたのですが、3年後も5年後も10年後も収入ゼロと出ます。

何度測っても同じ結果です。独立して事業に失敗したとしても、マイナスならまだしも、収入ゼロというのは考えにくいのです。収入ゼロは、その方が亡くなっているという意味です。

私が彼女の了承を得て寿命を調べてみたところ、あと2年しか生きられないと出ました。2年後に確実にその方の身に何かが起きるわけです。いったい何が起きるのか。「政木フーチ」でいろいろ調べてみましたら、どうやら胸のあたりに健康上の問題があることがわかりました。彼女はいたって健康そのものでしたが、すぐに大きな病院に行って、精密検査を受けることにしました。

すると、ごく初期の乳ガンが見つかりました。進行が速い、たちが悪い乳ガンでしたが、すぐに手術をしてことなきを得ました。

お医者さんによれば、この段階で乳ガンが見つかるのは、ひじょうに珍しいとのことだったそうです。

もしあのとき「政木フーチ」で収入ゼロ、余命2年という結果が出なければ、彼女はそのまま独立し、病魔に倒れてこの世を去っていたでしょう。「政木フーチ」は、そうした事態を事前に回避し、寿命さえも伸ばすことができるのです。

人の天寿や寿命を測るのは相手の了解があるときだけに

天寿や寿命はとても大切な情報なので、ぜひ、ほかの人にお願いしてセカンドオピニオンをとるようにしましょう。

とくに初心者の人は、計測しているときに自分の希望や意思が入りやすいので、セカンドオピニオンといってほかの人にも測定してもらうことをおすすめします。

セカンドオピニオンをお願いする相手は、できるだけ初対面の人がいいと思います。自分のことを知っている人だと、「この人は病弱だったな」とか「日頃から健康に気をつけている人だ」とか「何でも悲観的に考える人だったな」などといった先入観が入ってしまうので、正確な計測ができない場合があるからです。

その点、初対面の人なら手がかりになる情報がまったくないので、先入観なしに測ることができます。

ここでもうひとつ注意点を申し上げておきます。

他人の天寿や寿命を「政木フーチ」で、無断で測ってはいけません。**「政木フーチ」で測るのは、あくまで自分自身のこと**。人の天寿や寿命を測るときは、相手から頼まれた場合や、必ず相手の人に「あなたの天寿や寿命について、今から測っていいですか」と了解を得てからにしてください。

なぜなら、「政木フーチ」で出た結果にあなたは責任が持てないからです。もし相手の寿命が短いとわかったとき、その結果をその人に告げられるでしょうか？「あなたはあと2年で死にますよ」と言ったら、相手の人は戸惑うでしょう。かといって、わかっているのに知らん顔ができますか？

では、相手がとても長生きできると「政木フーチ」で出たとします。相手にとってはいい情報だから、教えてあげてもいいのではと思うかもしれません。しかしながら、それも間違いです。

もし相手に「あなたは、このままいけば、100歳まで長生きしますよ」と教えてあげたとします。

教えられたほうは100歳まで生きられるのだと安心して、暴飲暴食するかもしれません。無茶なことをする可能性だってあります。

「100歳まで生きられる」と聞いた時点で、「今」は変わり、未来も変わるのです。もしあなたが勝手に未来をみなければ、その人は100歳まで生きられました。でもあなたがそれを告げたことで、その人の未来は変わり、100歳まで生きられなくなるかもしれないのです。

どちらを選択しても、正解はありません。人間では解決ができない神の領域に、勝手に首を突っ込んではいけないのです。

相手の了解を得ずに相手の未来を予測して「今」を変えるのは、大変危険で傲慢で、神を冒涜する行為です。

「政木フーチ」を使うときの注意点

1　誤作動に注意。セカンドオピニオンをとる

「政木フーチ」は「このまま行った場合の未来」を正確に言い当てますが、先入観や希望的観測、思い込みなどがあると、誤作動を起こすことがあります。

とくに初心者はなかなか無心の状態になれない上に、「こう動いてほしい」という潜在的な希望もあって、自分でも気づかないうちに振り子を動かしてしまいます。慣れないうちはセカンドオピニオンをとって、答え合わせをすることをおすすめします。

2　数を多くこなす

こうした誤作動を防ぐには、とにかく測定の数を増やすしかありません。父は生涯にわたって3万件以上の測定をこなしてきました。私もかれこれ2万件以上の測定を行っ

ています。

数をこなせば、すぐに無心の状態に入ることができ、雑念を取り払って、測定に集中できるようになります。

宮本武蔵が書いた『五輪書』には「千日《せんじつ》の稽古を鍛《たん》とし、万日《まんじつ》の稽古を練《れん》とす」という一文があります。何事も鍛練、練習が必要ということです。

3 無心になるには、考えないこと

思い込みや先入観があると、正確な計測ができません。父は「脳波の状態をシータ波にして測れ」と言っていました。

シータ波に近づけるには、「考えないこと」がいちばんです。質問を念じているときに、「こうなればいい」とか「こうなったらどうしよう」などという雑念を排してください。

下腹の丹田（おへその下あたり）を意識して、深呼吸をくり返し、呼吸に集中していると、無心になりやすいと思います。

4　知らないことには答えられない

「政木フーチ」は自分が知らないことには答えられません。自分の第一生命体に答えを求めているので、自分の第一生命体が知らないことには答えようがないのです。

セミナーの受講者にこんな方がいました。当時、新聞をにぎわせていた子どもの行方不明事件について、その子が何日以内に発見されるか「政木フーチ」で測ってみたそうです。すると「5日以内」と出ました。

ところが、5日たっても、10日たっても発見される様子はありません。つまり「政木フーチ」の答えははずれたわけです。

理由は何かというと、その人が行方不明になった子どもをまったく知らなかったからです。正確に言うと、知らない人や事象を「政木フーチ」で計測できないわけではありませんが、その場合は、その人の氏名、生年月日、住所まで細かく書いて、特定する必要があります。

そうすれば、自分の第一生命体がその人の第一生命体とつながって、情報をもらい、答えを引き出せるのです。なぜなら第一生命体同士はコンピュータのインターネットのように、みなつながっているからです。

第一生命体は、ほかの人の第一生命体とつながっているので、正しい相手とつながって情報をもらい、答えを引き出せるのです。

神道でご祈祷するとき、氏名だけでなく住所も書くのはそのためです。インターネット検索でいえば、「アドレスを特定する」ということです。

ちなみに、私のセミナーの受講生は行方不明になった子どもの公開写真を見て計測したそうですが、写真だけだと似た顔の子どもはいっぱいいます。名前だけでも同姓同名はたくさんいます。やはり、住所、氏名、生年月日、さらに写真など、細かい情報が必要です。情報が細かければ細かいほど、より正確に測ることができます。

なお直接面識はなくても、有名人など、マスメディアを通じてよく知っている人なら、

「政木フーチ」で測ることができます。「石原裕次郎」といえば、映画やドラマで有名な

あの「石原裕次郎」しか思い浮かばないわけで、知らない町に住む「石原裕次郎さん」

と間違えることはありません。「政木フーチ」で測るときの自分の意識が、きちんとそ

の人にロックされることが重要なのです。

5　人を測定するときは名刺、会社はＨＰがおすすめ

知らない人を「政木フーチ」で測るときは、名刺があると便利です。同じ会社に「鈴木」という名前の人はたくさんいても、同じ部署、同じ肩書で同姓同名の人はまずいないので、名刺は相手を特定できる最強のツールです。

私の知り合いに、有名女優と同姓同名の女性がいます。彼女は財界で活躍されていますが、一般的には女優のほうが圧倒的に有名です。レセプションや講演の際に、名簿に彼女の名前があると、その女優が来場するのかと大変な話題になります。その誤解を防ぐため、彼女は通常はひらがな表記を使うようになりました。

でも名刺なら間違いようがありません。「政木フーチ」で測るときは、名刺を目の前に置き、指でさすか、名刺にふれながら計測するといいでしょう。

会社について調べるときは、ホームページを使うことをおすすめします。「○○会社との取引が成功するか、数値で示してください」と念じても、「○○会社」と同じ名前の会社はほかにもあるかもしれません。

ある人が「昭和商事」という会社への転職を考えていて、「政木フーチ」で会社の未来の業績について測ってみました。ところが測るたびに数値がまったく変わります。調べてみると、「昭和商事」という会社がたくさんあるのです。パソコンで会社のホームページを出し、それを指さしながら「政木フーチ」で測れば、いちばん確実です。

6 質問のしかたに注意する

心に念じる質問のしかたも、とても重要です。

たとえば「日本の経済はこれからどうなりますか」と聞いても、「政木フーチ」には答えられません。

「どうなるか」という曖昧な質問に「イエス」「ノー」では答えられないからです。それに「これから」といっても、いつのことなのか、月日を限定しないと、1年後の経済なのか100年後の経済なのかで、結果はまったく違ってきます。

「日本の経済」という言い方も曖昧で、大企業はよくても中小企業はよくないとか、業界によっても差があるでしょう。正確な答えを知りたいのなら、「今年の12月の日本の自動車業界の業績は上向いていますか」といった具体的な聞き方が望ましいのです。

質問のしかたのよい例と悪い例を○×で挙げておきますので、参考にしてください。

質問のしかたのよい例・悪い例

×「A社に入ったほうがいいですか？」

○「A社、B社、C社に入社した場合のそれぞれの会社での自分の幸福度について、示してください」

A社に入った場合について尋ねる測定だけですと、判断基準が曖昧です。候補として考えている会社すべてを挙げて測ります。

また、転職の場合ならば、今の会社と候補の会社の社名を一緒に挙げて比較をすると、わかりやすいです。

「幸福度」という言葉ですが、年収、人間関係、出世など自分が望む内容を、具体的に自分の中で定義づけをしておいてから計測すると、正確な解答を得ることができます。

なお、年収だけを知りたい場合は、「A社に入社した場合の3年後、5年後、10年後の年収について示してください」と質問してください。B社、C社がある場合には、ひとつずつ同様にです。かなり正確に答えがわかります。

人について尋ねる場合ですが、「Aさんはどんな人ですか？」という質問は、前にも説明したフーチパターンで判断してください。丸い場合は温厚、横一直線の場合は人付き合い悪いがアイデアマン、縦一直線の場合は真面目で融通が利かない……などと測定できます。

Aさんと一緒に仕事をしたいという場合は、相手との相性をみてください。測定値は通常、プラス200からマイナス200までの幅で出てくると思います。マイナス200に近い場合は、別のパートナーを探したほうがいいでしょう。

人にはそれぞれ前世、祖先のご縁があります。結婚もビジネスも相手との良縁か悪縁かは非常に重要です。

7　疲れたらすぐやめる

「政木フーチ」は第一生命体、第二生命体にダイレクトにアクセスするツールです。「政木フーチ」をしているときは、いわば魂がオープンになっている状態ですので、**疲れを覚えたら、すぐにやめてください**。疲れに乗じて悪いものが入り込んだり、魂が乗っ取られるリスクがあります。

とくに他人をみる場合で、病気が重い方や精神的に不安定な方を測るときは、相手についている悪いものが、あなたの振り子に乗り移ってくることがあります。注意が必要です。

人をみたあとは、流水で振り子を十分洗ってください。

また、計測をしていて、自分の体調が変化したと感じたら、すぐにシャワーで全身を流しましょう。とくに両肩は十分洗い流すようにしてください。これで悪いものは去っていきます。

悪い結果が出たら、「懺悔経《ざんげきょう》」という最強の解決法を！

最後に、「政木フーチ」で計測して悪い結果が出た場合についてふれておきます。「政木フーチ」は、高いマイナス値が出たときこそ、効果を発揮します。

「政木フーチ」でわかることは現状把握と、このままいけばやってくるだろう未来です。悪い結果が出たということは、このままではいけないということですから、それを解消するための対処を今から行えばいいのです。

そうすれば未来は変わります。「フーチですごいマイナスが出てしまった」と落ち込むのではなく、**「悪いところがわかってよかった。これを直していけば、不幸を回避できるのだからラッキー！」**と思いましょう。

打てる手があれば打つし、自分の力ではどうしようもないときでも、あきらめることはありません。じつは最強の解決策があるのです。

それが巻末に掲げた「懺悔経」です。

懺悔経は、天玉尊さんに下りてきた神示のひとつです。

内容は仏教や神道のおもだった仏さまや神さまをお呼びして、自分と自分の祖先の罪を懺悔するものです。

過去におかした罪は消すことができません。ましてや先祖の罪ともなれば、タイムマシンでもないかぎり、どうすることもできません。

でも、懺悔経を唱えれば罪は軽減できると天玉尊さんはおっしゃったのです。

実際、私が「政木フーチ」で測定して、高いマイナス値が出た方でも、懺悔経を唱えてもらってから再び測ると、高いマイナス値が減っていたり、プラスに変わっていたりします。

ぜひご自身で試していただきたいと思います。

懺悔経の唱え方ですが、朝でも、夜でも、自分が読みたいと思ったときに、読みたいようにやるのが効果的です。

本当は「こういう場合はこうして」という決まりがあるのですが、もしそれを聞いて、「私は、何時に何回読まなくてはいけない」と**義務になってしまうと、意味がない**のです。心をこめて「読みたい」と思うほうが重要なので、この際、時間や回数は言わないでおこうと思います。暗記している方は手を合わせて唱えていただき、書いたものを読みながらの場合は、両手を合わせた中に、その紙をはさんで読みましょう。

聖書にも「神は自ら助くる者を助く」という言葉があります。私に言われたからではなく、自らすすんでやりたいと思ったときに、ぜひ懺悔経をお読みください。

懺悔経の存在さえ知っていれば、たとえ「政木フーチ」で悪い結果が出ても、おそれることはありません。

第三章

人生をとりまく九つの要素を測定しよう

人間の幸・不幸を左右する九つの要素とは何か。「政木フーチ」による、その要素の測定方法と、悪い結果が出た場合の対処法を伝授します。

人生をとりまく九つの要素とは

第二章では、「政木フーチ」で自分の人間性（第一生命体）と寿命を知る方法をお伝えしました。それがわかるだけでも、今後の人生をどう生きるのか、道しるべとなります。この章では、さらにもっと細かく測定して、自分をとりまく要素を知り、それらを手がかりによりよい人生を歩む方法について説明しようと思います。

不幸を避けて、平和で健やかな人生を生きたいという方は、これから説明する九つの要素について、「政木フーチ」で測ってみましょう。

それぞれの要素で出たマイナスの数値を減らし、プラスの数値を増やしていくよう行動するのが、人生を幸せに生きるコツです。

私が、この九つの要素を導き出したのは、十数年前、インドの聖地ダラムサラに赴《おもむ》き、ダライ・ラマ法王に拝謁《はいえつ》したことがきっかけです。同地には、「チベット医学暦法研究所」があり、私は研究所の医師の方々と共同研究を行うことになりました。

そのとき学んだチベット医学の研究を通して、人間の幸・不幸には九つの要素があることに気がつきました。この九つの要素がプラスであれば、健康にも恵まれ、よい人生を歩むことができます。一方、マイナスならば、重い病気にかかったり、物事がなかなかうまく運ばなかったりと、悪い影響を及ぼすのです。

ふつうに暮らしている分には、この九つの要素がプラスなのか、マイナスなのかを知る由《よし》もありません。けれども、「政木フーチ」を使えば、九つの要素のプラス・マイナスを測定することができるのです。

では、具体的に九つの要素について見ていきましょう。

（一）神々↓その人が持っている背後のエネルギー

（二）人間↓その人の現世での行いと、それをとりまく人間関係

（三）**悪霊**↓知らずについている死霊など

（四）**家屋**↓住んでいる家の風水

（五）**自然環境**↓土地のエネルギーの影響

（六）**祖先**↓先祖にどんな徳があるのか。不成仏はいないか

（七）**魂**↓持って生まれた人間性と過去世

（八）**子孫**↓子孫へ残せる徳はどれくらいあるか

（九）**墓**↓お墓のエネルギーがプラスかマイナスか

九つの要素の測定方法

それぞれの要素についての説明の前に、測り方を申し上げておきます。

（1）使用する目盛り盤は〈巻末付録〉測定図表①が測りやすいと思います。プラス・マイナスが記された②の測定図表でもいいのですが、初心者の場合は、プラスとマイナスが逆に動くこともあるので、最初は数字だけの①を使いましょう。

（2）測定は必ずプラスとマイナス、両方について行ってください。たとえば（一）の神々〈背後のエネルギー〉を測るとき。

↓「私にとって〈背後のエネルギー〉のプラスの影響を数値で示してください」

↓「私にとって〈背後のエネルギー〉のマイナスの影響を数値で示してください」

二つの質問を心に念じます。〈　〉のところに（一）～（九）の要素を入れて、それそれ測定していきます。

（3）プラス1000を超えるようなら、同じ測定図表の数値をひと桁上げて最大値を10000に設定し、再度、数値を測ります。図表の数値は実際に書き直しても、心で想定するのでもかまいません。

（4）0を示したり、0を振り切るマイナスだったりしたら、測定図表の数値をマイナスに設定して（現在20のところはマイナス20とする）、再度、数値を測ります。マイナス100を超えるようなら、測定図表の数値をひと桁上げて、最大値をマイナス1000にして、再度測ります。目盛りについては（3）と同様です。

（5）出た数値をチャートに記入します。90ページの記入例を見本にチャートを作成してください。プラスの数値からマイナスの数値を引いた総合得点があなたの持ち点です。チャートを見て、マイナスが多い要素に注意し、マイナスが減るよう努力しましょう。

こまめにフーチで計測して、努力の方向性が間違っていないか確認するといいでしょう。

総合点がプラス５００点を超えれば、未来はかなり安泰です。では、九つの要素と、測定でマイナスが出た場合の対処法について説明していきましょう。

㈠ 神々

神々とは、その人が背後にどのような第二生命体をはじめとするエネルギーを持っているかを意味します。エネルギーの種類はひとつではありません。人はみな複数のエネルギーを持っています。

ここでも、わかりやすいようにパソコンのアプリを例にとってみましょう。

パソコンにはワードやエクセル、パワーポイント、フォトショップなどさまざまなアプリがあります。アプリ＝神々＝背後のエネルギーと思ってください。

人によって、パソコンにインストールしているアプリが異なるように、背後についている神々も違います。またコンピュータウイルスのように、人にマイナスの影響を与え

〈人生をとりまく九つの要素 チェック表〉

氏名　晋遊太郎　　　生年月日 1975.1.5

要素→解釈	測定値
①神々→背後のエネルギー	＋ 90 － 10 計 ＋80
②人間→人間関係、生霊	＋ 130 － 30 計 ＋100
③悪霊→死霊	＋ 0 － 10 計 －10
④家屋→家の風水	＋ 0 － 25 計 －25
⑤自然環境→土地のエネルギー	＋ 0 － 35 計 －35
⑥祖先→先祖の徳、不成仏、うらみ	＋ 35 － 5 計 ＋30
⑦魂→第一生命体＝過去世	＋ 350 － 0 計 ＋350
⑧子孫→子孫への徳、うらみ	＋ 150 － 25 計 ＋125
⑨墓→お墓	＋ 60 － 0 計 ＋60

総合計　＋675

る神様もいます。

ですから、「政木フーチ」で測るときは、自分にどんな影響を与える神様（アプリ）がいてくださるのか、必ずプラスとマイナス、両方で測る必要があるのです。

〔マイナスが出た場合〕悪い神様がついているので、自分の本質である人間性（第一生命体）を磨いてください。たとえば、お寺で坐禅の修行をしたり、寄付をしたり、何か世のため人のためになることをするというようにです。そうすることで、第一生命体にとってプラスになるいい神様（アプリ）を招いてもらえます。

❷人間

現世における自分をとりまく人間関係を意味します。ここでいう人間関係とは、他人のうらみや怨念が形になった生霊も含みます。生霊という概念は現代社会に生きる私たちにはすぐには理解しがたいものですが、たとえば人の強い思いが現実を動かすのは想像できるのではないでしょうか。

生霊というワードに抵抗があれば、現代風に「念」「思い」と理解していただいてもいいと思います。

自分では知らないうちに誰かを傷つけていて、うらみを買っていることがあるかもしれません。そのうらみが「念」（生霊）となって、自分の人生の邪魔をしていることもあります。反対に誰かの「思い」の応援を得て、人生が好転することもあります。そうした「念」「思い」を「政木フーチ」で測ります。

少し横道にそれますが、生霊についてふれておきます。生霊は『源氏物語』の中にも物《もの》の怪《け》として登場します。光源氏が、身分が低い女・夕顔と一夜をすごした夜、夕顔は物の怪にとりつかれて急死してしまいます。

物の怪は光源氏の愛人であり、ひじょうに高貴な身分であった六条御息所《ろくじょうのみやすどころ》の生霊でした。「私のように家柄のいい完璧な女がありながら、あんないやしい身分の女が源氏の君を寝とるなんて」というわけです。この六条御息所は、生霊となって光源氏の正室の葵《あおい》の上《うえ》を呪い殺し、さらには死んだあとも死霊となって、光源氏の最愛の妻・紫《むらさき》の上《うえ》にとりつき、うらみごとを言って苦しめます。

六条御息所は自分の邸にいるとき、護摩《ごま》の儀式で焚かれた芥子《けし》の匂いに気がつきます。なぜ自分の体から芥子の匂いがするのか。それは瀕死の状態になった葵の上を助けようと、僧侶たちが護摩を焚き、ご祈祷している、まさにその場に自分が生霊となって現れた証拠にほかなりません。

彼女は初めて自分が生霊になっていたことを自覚します。表層意識では気づいておらず、無意識下で呪っていたということです。ここに紫式部の卓越した感性がみられます。

フロイトが説いた無意識の作用を、紫式部ははるか昔に理解していたのです。

じつは「政木フーチ」で重要なところは、この無意識あるいは潜在意識という概念です。**無意識は強い力をもっています。プラスに働かせると卓越した素晴らしい能力が発揮できます**。ぜひプラスに発揮できるよう、「政木フーチ」を活用してください。

〈マイナスが出た場合〉　人からうらまれないよう、言動に気をつけましょう。うらんでいる人を特定したいときは、心当たりがある人の名前を一人ひとりフルネームで書き、「政木フーチ」で「○○さんは私をうらんでいますか」と測ってみましょう。誰かが特定できたら、心の中で手を合わせ、ひたすら謝罪することです。182ページ~にも対処法を記します。

㊂ 悪霊

これは知らずに自分についている死霊や悪霊を意味します。死霊、悪霊という言葉が理解しづらければ、「念」に置き換えてもかまいません。ふつうの人は、悪霊についてはマイナスまたは0、つまり「とりついていない」という結果になることが多いはずです。でも自分がまったく知らないところで、誰かの強い「念」を受信してしまう、つまり何かにとりつかれてしまうことは、現実問題としてあるのです。

私は今まで、死んだ霊が第二生命体を支配した例をたくさん見てきました。前述した、ハワイで瞑想中に突然英語を話し始めた若い女性の例はそのひとつです。このケースでは死んだ霊がそれほど悪さをしなかったので、大事にはいたりませんでした。

ほかにも身近でこんな例がありました。ある男性が、頭痛や下痢におそわれて、医師の診察を受け、薬を処方してもらったのに、1週間以上も高熱が続いて、やせ細ってしまったのです。「政木フーチ」を勉強している知人の医師に頼んで、死霊を取り除いてもらったら、すぐ健康にもどりました。

悪霊がなせる業については、聖書でも数多く登場します。サタン（悪魔）の化身である蛇にそそのかされて、罪をおかすアダムとイブの話は有名ですが、ほかにも、悪霊にとりつかれてダビデを殺そうとするサウル王の話があります。

悪霊が強くとりついていたり、複数の悪霊にとりつかれると、多重人格や精神障害などの病気と診断されることも多いようです。

生きている人の念である生霊もですが、死んでいる人の念である死霊や、悪霊もやっかいです。**知らずにとりつかれていると、仕事や勉強を頑張っても邪魔されて報われません。**「政木フーチ」を使って自分に悪いものがとりついていないかを調べるのは重要です。

余談ですが、ショパンの有名な曲『葬送行進曲』は死霊を呼び出すとヨーロッパではいわれています。著名なピアニストが、この曲を演奏中に頭痛がして気分が悪くなり、コンサートが中止になった事例があります。

なお悪霊や死霊にはお香が効果的です。お通夜のときに、48時間線香を絶やさないのはこのためです。『源氏物語』で葵の上にとりついた悪霊（じつは六条御息所の生霊だったのですが）を祓うために、僧侶たちが護摩を焚いたのも、護摩の火や香りが悪霊や生霊に効果があるからです。

〈マイナスが出た場合〉お香を焚いて、悪い霊を祓います。神社でお祓いをしてもらうのもいいでしょう。自分に縁のある不成仏霊は成仏させてあげなければいけませんが、縁がない悪霊や不成仏霊は「元いたところにもどってください」とか「鏡を見てください。あなたの姿は映りませんよ。死んでいるので」と伝え、念じれば十分です。

㊃ 家屋

ここでいう家屋とは、家の立地、向き、周囲の環境などについてです。いわゆる風水と考えてもいいでしょう。

人は一生のうち半分以上を家ですごします。家の住環境はそれだけ影響力が大きいので、**家屋を整えることも、人生を健やかに送るための大切な要素**です。

あるとき、知人の依頼で、個人のお宅を測定したことがあります。すると大変なマイナスが出ました。なぜマイナスになったのか、現代科学でわかる範囲としては、電磁波測定を行います。家電製品などから強力な電磁波が出ていることがあるからです。

強い電磁波を出す家電製品には電子レンジや冷蔵庫などがよく知られていますが、ほかにも見落としがちなのが空気清浄機です。空気清浄機は長時間稼働しっぱなしで使用することが多いので、注意が必要です。

さて、その家に電磁波測定器を持ち込んで測定したところ、30ミリガウスという信じられない電磁波を観測しました。欧米では電磁波が2ミリガウス（スウェーデンでは2・5ミリガウス）以下でないと住宅として使用できない国もあるほどなので、少し程度がわかりますでしょうか。しかも、家中くまなく30ミリガウスなのです。これは家電製品のせいではありません。

いろいろ調べてみると、その家があるのは近くに高圧鉄塔が並んでいる地域でした。高圧電線や鉄塔からは強力な電磁波が出ています。

鉄塔に近い家では、電磁波の影響で、電子時計が狂うこともあるそうです。人間がその環境下で、影響を受けないわけはありません。「政木フーチ」では、目に見えない住環境の良し悪しも測ることができるのです。

〈マイナスが出た場合〉個別に「政木フーチ」で計測して、強い電磁波を発生させる家電製品を使用しないようにしましょう。近くに高圧線の鉄塔があるときは、もしも可能ならば引っ越しをおすすめします。

㊄ 自然環境

自然環境とはこの場合、住んでいる土地のエネルギーのことです。どんな土地に住んでいるかも、その人の人生に影響します。歴史的に不成仏霊が多く存在する土地では、そこに住む人にさまざまな悪影響をもたらします。そのため、道教では霊符と呼ばれるお札を貼ったり、日本では神道の神主が土地の四方を清め、お祓いをしたりするのです。

土地に関しては先日、こんなことがありました。ある父親からの電話相談でしたが、息子さんが家庭内暴力をふるって困る、という話です。息子さんの生年月日と名前を聞いて「政木フーチ」で測ってみると、高校入学あたりから息子さんに変化が訪れたと出ます。父親に確認すると、「確かに中学まではいい子だった」そうです。

そこで息子さんが通っている高校の住所を聞いて、「政木フーチ」で測ってみました。すると、ものすごく高いマイナス値が出ます。調べてみると、高校が建っている場所は古戦場の跡地で、八つの戦いがあった所だったのです。

息子さんは前世でこのあたりに住んでいたか、戦いに参加していたのかもしれません。その縁で、不成仏の霊が息子さんにとりついたのでしょう。なぜなら、**不成仏は、まったく縁がない人より、縁がある人に引っ張られてとりつくことが多い**からです。

私は、近くのお寺に行って、そこで「懺悔経《ざんげきょう》」を読むようおすすめしました。

父子でお寺に参り、懺悔経を唱えたところ、しばらくして息子さんの暴力はおさまったとお父さんから連絡がありました。

〈マイナスが出た場合〉土地にいる不成仏霊は、自分とは直接縁のないものなので、本来はお祓いすればいいのですが、その土地に自分が住み続けるのであれば、お寺や神社できちんと供養やお祓いをしてもらうのがいいと思います。巻末に掲載した「懺悔経」を読むのも効果があります。

㊅ 祖先

成仏していないご先祖さまはいないか、先祖代々のうらみはないかといったことが、現代に生きる私たちにも影響を与えています。「政木フーチ」で測ると、昔から続く名家ほど、プラスも大きいがマイナスも大きいという結果になります。

大名家の子孫などはその典型です。大名の中には領地の人民に貢献した人もいますし、悪政を布《し》いてうらみを買った人もいるでしょう。またほかの大名との合戦や跡目争いなどで、特定の人から激しくうらまれた大名もいるはずです。
うらみは「3代にわたってたたる」といわれるように、マイナスが大きいと子孫が断絶してしまう場合もあります。大名家や豪商の家系などで、その例が見られます。

よく気をつけないと、結婚した相手の負の財産を妻が引き受けてしまう例があります。これは私が相談を受けた実例ですが、ある女性が結婚をしたのを機に、次々と病気にかかってしまいました。

ご主人の家系は戦国大名が先祖です。おそらく大変な因縁を背負っていたのでしょう。また別の例ですが、子どもさんが思春期に精神を病んで、手が付けられない状態になってしまいました。父方の先祖は、代々、神事をつかさどる宗教家で、その昔、人身御供として生贄《いけにえ》を捧げる斎主《さいしゅ》だったとのことです。こうした家系もうらみを買うので、大きなマイナスが出ます。

数百年前のことでも、死後の世界は時間を超越しています。大昔のことであっても時

効はないのです。

「祖先」のこの項目で大きなマイナスが出た人は、祖先に成仏していない霊がいるということです。

できれば父親、母親両方の家系図を書き、一人ひとりを指さしながら「政木フーチ」で「この方が私に与えているマイナスの数値を示してください」と調べていくことをおすすめします。

ご先祖さまで名前がわからない方は、「私の父のひいおじいちゃん」とか「ひいおじいちゃんの弟」という書き方でもかまいません。

不成仏の方が発見できたら、その方のお墓を整え、お寺でご供養してもらいましょう。またその方の写真があれば、写真に向かって「あなたは亡くなっていますよ。鏡に姿が映りませんから」と、死んだことをはっきり伝えましょう。

不成仏の方が成仏すると、負のエネルギーが一気に反転して、ひじょうに大きなプラスになります。その意味でもご供養はとても大切です。

また、水子がいる場合も要注意です。

仏教では三途の川の向こう岸を彼岸、すなわち極楽浄土といいますが、水子は向こう岸に渡れないのです。でも河原の石を１００個積めば渡れるといわれ、水子は懸命に石を積みます。

しかし99個になったとき、鬼が来て、全部こわしてしまうのです。水子はまた最初から石を積み直さなければなりません。何度も何度もこわされ続けているうちに、水子のうらみはどんどん強くなります。

ですから水子のうらみは、年月がたつほど消えるのではなく、逆に大きくなるのです。これはダライ・ラマ法王もおっしゃっていることです。大きなマイナスが出るときは、自分自身か、もしくは父方、母方に水子がいるかもしれません。水子の有無も調べてみたほうがいいでしょう。

〈マイナスが出た場合〉お墓参りをきちんとしましょう。もし不成仏の人がわかっていれば、「懺悔経」を読み、心の中で「あのときは申し訳ありませんでした」と心を込めた謝罪をすれば、マイナスは大きく是正されるはずです。

㊆ 魂

これは第一生命体と第二生命体の過去世について調べるものです。両方とも輪廻転生しながら、いろいろな肉体に宿ってきました。今の自分に宿っている第一生命体と第二生命体がどんな変遷をしてきたかも、現世に影響を与えます。

第一生命体は人の本質です。

アインシュタインが言う「スピリット」です。このスピリットは時空を超えて、すべての人とつながっています。

私たちの生活の中にすっかり定着しているインターネットを例にとってみましょう。パソコンとパソコンは有線で直接つながっているのではなく、インターネットを介してつながっています。人の場合も同じで、第一生命体が時間と空間を超えて、インターネットのように他人の第一生命体とつながっているのです。

前世で人のために尽くした人生を送った人は、現世でその〝恩恵〟を受けます。逆に悪事のかぎりを尽くした人は、その〝報い〟を受けます。もし、「政木フーチ」で測って、大きなマイナスが出た人は、自らの過去世に対して真摯に懺悔する必要があります。

第二生命体は第一生命体のご縁で集まってくることが多いようです。この**第二生命体がその人の能力や性格をつかさどります。**

第一章で、あでやかな女性から気さくなおばさんキャラに豹変してしまった国民的女優の話にふれましたが、その人が女優として息長く存在し、演技の幅を広げるためにはそうなることが必要であったと思われます。

つまり、彼女の第一生命体が意図的にか無意識にか、必要に応じて第二生命体を入れ替えたといえます。

第二生命体は五感と密接な関係があります。第二生命体が変わると、見かけや雰囲気、体から発するにおいが変わるので、「第二生命体が変わった」とすぐにわかります。

〔マイナスが出た場合〕「懺悔経」を読みましょう。魂は付き合う人に影響されることもあるので、悪い交遊関係や男女関係は断つようにしてください。

⑧ 子孫

子どもや孫に対して、目に見えない財産や負債はあるか、「親の因果が子に報い」ということはないかも、今の人生に影響します。キリスト教には「天に富を積む」という考えがあります。世のため、人のための善行は、子孫の財産となります。

また、この富や負債は、先祖から受け継いだものを子孫に申し送りすることにもなります。先祖の負債をきれいに清算して、子孫にはいい財産を残せるよう努力したいものです。

「子孫」という考え方が重要なのは、過去、現在、未来がつながって存在しているからです。今この時点で、過去が変わっていないように、今この時点での未来も決まっていて、一直線に結ばれています。だから「今の自分」の行いが子孫に直結しているのです。

過去、現在、未来が一直線につながっているのを証明する出来事に遭遇したことがあります。

私の知り合いがよく幽体離脱をします。あるとき、ソファーで横になってうとうとしていたら、幽体離脱して、翌日の日曜日の競馬場に飛んだそうです。それは、レースを上から俯瞰して眺めているような様子だったといいます。

すると、先頭を走っている馬の騎手が落馬して、後続の馬の騎手もバタバタとそれに続く様子が見えました。その結果、ビリのほうにいた馬がレースに勝って、馬券は大穴になりました。1着、2着の馬の番号もはっきり見えたそうです。


しかし、それがどこの何のレースかはわかりません。目が覚めて、友人はすぐに競馬に詳しい友だちに電話をしました。走っていた馬の頭数、右回りに走っていたこと、レースの様子などを伝えると、それは中山競馬場で行われるメインレースに違いない、という指摘です。

さっそく、友人はその馬券を買いました。結果は幽体離脱で見た通りのレース展開となり、500万円の万馬券を手にしたということです。

ところが、そのことを彼の母親が知ると、賞金を取り上げて全額、慈善団体に寄付したそうです。

彼の母親は有名な企業の創業者一族の出身です。立派な事業を継続させている一族は、やはり心の持ち方が違います。濡れ手に粟でつかんだ利益はけっして独占しないという彼女の判断は賢明でした。

そうでなければ、未来の予測を自分の我欲に使った彼は、天から罰せられて災いがふりかかったに違いないと「政木フーチ」は予測していました。

〔マイナスが出た場合〕自分の日頃の行いを慎み、自分の利益のためではなく、世のため、人のために尽くすように心がけましょう。

❾ 墓

お墓に関することやお墓の石の色や形などをみる墓相についてもないがしろにはできません。

日本人は伝統的にお墓を大切にしてきました。盆正月やお彼岸、月命日などの墓参りは代々引き継がれてきました。それは、成功している人、子孫が栄え繁栄している家がみなお墓やご先祖さまを大切にしていたからです。日本人は経験的にそれを知っていたのです。

「政木フーチ」でいろいろな事象を測定し、研究していると、最後には仏教や宗教の教えや昔からの習慣に行き着くことが多いのです。先人、先達の卓越した見識を、改めて「素晴らしいものだ」と認識することが多々あります。

親族が病気がちで、病院通いばかりしている方から相談を受けたことがあります。「政木フーチ」で九つの要素を一つひとつ測定していったところ、「お墓」で大変なマイナスが出ました。

聞いて見ると、もう何十年もお墓参りには行っていないとのこと。お墓は荒れ放題になっているようです。すぐにお墓に参って、周辺を整え、いい気が流れるよう改善したところ、それ以降、見事に病院通いがなくなりました。

ところで、お墓と仏壇はつながっています。「つながる」というのは、Ｗｉ－Ｆｉをイメージしていただければわかりやすいと思います。いってみれば、**お墓がＷｉ－Ｆｉの親機で、仏壇が子機。お墓から、いろいろな情報や影響を仏壇は受け取っているのです。**

昔から、仏壇とお墓が暗いのはよくないといわれています。「政木フーチ」で仏壇を測定すると、マイナスに振れる仏壇は暗い印象です。仏壇が暗いとお墓が暗いのはいうまでもありません。

「お墓が暗いですね。明るくしてください」と私が言うと、「うちのお墓を見たこともないのに、よくわかりますね」と驚かれます。当然です。両方はつながっているのです。

〈マイナスが出た場合〉お墓と仏壇をきれいにして、照明や燈明で明るくすること、お参りと清掃を絶やさないようにしましょう。

第四章

自分の健康は「政木フーチ」で守れ！

高齢社会になり、ひっ迫する医療費問題。
心身ともに健やかな長寿のために、「政木フーチ」を役立てる。
今、いちばん伝えたいことのひとつです。

「政木フーチ」で自分の健康をみる

「政木フーチ」は自身の健康を判断する際にも威力を発揮します。最新の医療機器でも見つけられないような小さな病気のもとも、「政木フーチ」を使えば、異常があるかどうかが即座に測定できるからです。

他人を診断するのは法律にふれてしまうので、絶対にしてはいけません。ただ、自分の健康について日頃から注意を払うためにも、自分の体について、「政木フーチ」でみておくのはいいことだと私は考えています。

日本はこれからますます高齢社会が進み、医療費の負担が莫大に増えていくでしょう。でも「政木フーチ」を予防医学に取り入れることで、ふくれあがる医療費の削減にも役立つのではないかと、私は真剣に思うのです。

「政木フーチ」は自分で測定できるので、お金も時間も労力もかかりません。それに、検査による体への負担もまったくありませんから、これほど無害、安全、安心の測定法もほかにないのです。

もちろん、そんな非科学的なものを医療に応用するのか、と怒る人もいるでしょうが、他人を診断するわけではありません。何度も言いますが、自分で自分の健康をチェックするのです。健康法の一環と考えるとよいのではないでしょうか。

高い費用をかけて、体に負担がある検査をする前に、「政木フーチ」で健康チェックをすれば、病院での待ち時間も減りますし、医療費の高騰もおさえられます。

ぜひみなさんも、「政木フーチ」で自分の健康をチェックする習慣をつけていただきたいと思います。

「政木フーチ」で体をみる方法はいろいろあります。簡単なのは自分の左手で体の部分をさわりながら、右手で振り子を持ち、「ここは異常がありますか。異常があれば数値で示してください」と念じます。

頭から、首、胸、お腹、下腹というぐあいに、一つひとつ全身を測っていきましょう。測定図表は巻末の②が測りやすいと思います。

0またはプラスなら異常なし。マイナス10くらいまでなら、たいした異常ではありませんが、いちおうマイナスですので、注意はしておきましょう。

マイナス20で振り切れた人は、今度は測定図表①を使って数値を出していきます。1000で振り切れたら、今度は桁を上げて1000の単位に自分で替えて測ってみます。1000、2000という数値が出たら、何か異常がある可能性があります。一度、お医者さんに行ったほうがいいでしょう。800くらいの数値が出ていれば、病院のレントゲンやCTでも異常がはっきりわかるはずです。

こんな女性がいました。最近、体調が悪かったので「政木フーチ」で測ってみたものの、やり方がよくわからないからと、私のところに相談にいらっしゃったのです。私と一緒に振り子を使って、頭から順番にみていくと、子宮のあたりで、高い数値が出たのです。

「もしかしたら子宮ガンの可能性があるかもしれませんよ」と言うと、女性は「私は先日子宮ガン検診を受けたばかりなので、そんなはずはありません」と腑に落ちない様子です。

ただ、ふつうの子宮ガン検診は子宮の入り口だけを調べるもので、これでわかるのは子宮頸ガンだけです。女性の場合は、子宮の中のほう、つまり子宮体ガンの可能性もあったのですが、その女性はあまり納得されない様子で、そのまま帰宅されました。

その後、何カ月かして、知り合いに聞いたところ、女性は不正出血があり、病院に行ったところ、やはり子宮体ガンだったというのです。手術をして子宮を摘出したそうですが、もしあのとき、すぐに病院に行っていれば、子宮を取らなくてもすんだかもしれません。「政木フーチ」が病を疑うきっかけとなることもあるのです。

未知のウイルスに感染しているかどうかを計測する

多数の感染者と死者を出し、世界中を震撼させた新型コロナウイルスは、日本も恐怖におとしいれました。日本では1日当たりのPCR検査数がなかなか増えなかったこともあり、自分がコロナウイルスに感染したかもしれないと、不安に思われた方も多かったのではないでしょうか。

「政木フーチ」はこうした未知の病原体に対しても、効果を発揮するのです。

新型コロナウイルスの感染者が急激に増え始めた初期のころ、私はセミナーの受講生の健康が気になって、承諾をとった上で、受講生全員を「政木フーチ」で測ってみました。すると、数人ほどに、感染する危険があると出たのです。

そこで、受講生の方たちに以下のような緊急メールを送りました。一部を抜粋し、読者の方にもわかりやすいように加筆して掲載します。

「新型コロナウイルス」はエイズウイルスとよく似ています。一説にはエイズウイルスの遺伝子が組み込まれているともいわれています。エイズウイルス感染の深刻なところは「無症状期」にあります。症状が出ないため、多くの人に感染させてしまいます。新型コロナウイルスもエイズウイルスの感染初期によく似ています。

ウイルスは変異をくり返し、進化していきます。どのように変異するかは誰にもわかりません。私たち人類は、つねに未知のウイルスとの戦いを強いられているのです。

しかし「政木フーチ」なら、未知のウイルスに感染しているかどうか、自分で測れます。みなさんもぜひご自身をフーチで測り、この危機を乗り切ってください（以上）。

「政木フーチ」の活用法ですが、次のような方法があります。

（1）新型コロナウイルスの画像をネットで検索してください。

（2）患者さんの画像をネットで検索してください。患者さんの画像がないときは、発症するしくみなど、新型コロナウイルスに関する情報でもかまいません。ただし文字だけの情報しかない場合は、画像よりインパクトが少ないので、なるべくたくさん検索してください。

【ポイント】これで、ウイルスの現況と感染したときの症状が認識できます。「政木フーチ」は自分自身（の第一生命体）が答えを出すので、自分が知らないことには答えられません。そのために、新型コロナウイルスに関する情報を自分が認識していることが重要なのです。他人の第一生命体にアクセスして、その知識を頼ろうにも、誰にとっても未知の存在のウイルスですから、同様の状況です。

（3）振り子を持ち、「私が新型コロナウイルスに感染しているかどうか、示してください」と念じます。巻末の測定図表②を使って、イエスはプラス、ノーはマイナスと設定しましょう。

【ポイント】新型コロナウイルスの画像を示しながら念じるとより正確です。なぜならコロナウイルスには、よくある風邪の原因となるふつうのコロナウイルスやＳＡＲＳ、ＭＥＲＳのウイルスもあるからです。

（4）感染していなければ０、感染していればプラスの高い数値が出ます。微妙なプラスが出るときは、新型ではない別のコロナウイルスに感染している可能性があります。

【ポイント】以前、私の知り合いが「エイズになったかもしれない」ということで、「政木フーチ」で測ったことがあります。０ではない、微妙なプラスの数値です。彼はエイズウイルスではなく、風邪に似た症状を引き起こすエイズウイルスの仲間のレトロウイルスに感染していたのです。

その後、彼の娘さんが40度近い高熱が続いたことがあります。親子ですので、彼女もレトロウイルスを持っている可能性は十分あります。レトロウイルスには白血病を起こすものもあるので、念のため病院でみてもらったところ、やはり、ごく初期の白血病で、発見が早かったため短期間で寛解《かんかい》し、事なきを得たそうです。

感染する可能性がある行動を未然に防ぐ

さらに私は受講生の方々が新型コロナウイルスに感染しないために、次のようなメールも送りました。このウイルスの名前を耳にし始めた大変早い段階のもので、諸外国でも日本でも外出制限や緊急事態宣言が出る前のことです。

「政木フーチ」を使えば、ウイルスに感染する場所や機会を事前に知って、感染を防ぐこともできます。やり方を説明します。

（1）巻末測定図表②を使い、イエスはプラス、ノーはマイナスと設定します。

（2）「明日、私が新型コロナウイルスに感染する機会があるか示してください」「今週、私が新型コロナウイルスに感染する機会があるか示してください」とそれぞれ念じます。

（3）もし反応があれば、何が感染機会か、具体的に調べます。飛行機、新幹線、満員電車、会合、飲み会など、一つひとつ調べていき、感染する可能性が高いものがあれば、代替案を用意してください。

（4）とくに会議や会食の開催メンバーが決まっている場合は、その参加者の中に感染者がいないかどうか調べてください。

また、サプリメントや食事の有効性も「政木フーチ」で測れます。

（1）自分が持っているサプリを目の前に置き、巻末の測定図表②を用意します。

（2）予防と効果、両方でどのような値を示すか、測ってみましょう。「このサプリが新型コロナウイルスの予防になるか示してください」「回復に有効か示してください」と念じます。

（3）同様に、食品の中で有効だと思うものを、「政木フーチ」で測定してください。
たとえばの話ですが、昆布が有効だと思ったら、昆布そのものか画像を目の前に置くか頭の中でイメージして、サプリと同じように測ります。

「政木フーチ」のやり方さえ知っていれば、今後、検査方法も治療法もわからない未知のウイルスが出現したときでも、感染の有無と対策を検討できます。
もちろん「政木フーチ」は医療器具でも何でもありませんし、誤作動もあるので、100％正確とはいえませんが、少なくとも、なすすべもなく不安にかられて過ごすよりは、はるかに前向きな毎日を送ることができるでしょう。

病名を特定することもできる

そのほか、病院に行く前に、病気かどうか知りたいときも、「政木フーチ」を活用できます。たとえば「最近、何だか胃の調子が悪いな」と感じたとします。でも、「もしかしたら軽い胃炎かもしれないのに、病院に行って、胃カメラを飲んだり、時間をかけて胃のＣＴやレントゲンを撮りたくないな」と思ったとします。

そういうときこそ、「政木フーチ」の出番です。自分の胃にふれながら「私の胃に病気があるか、数値で示してください」と念じればいいのです。数値が高ければ、覚悟を決めて病院で胃カメラを飲んでみたほうがいいと思います。

数値がゼロやひじょうに低い値だったら、少し様子を見るのも一案です。

また、病名まで知っておきたいというときは、巻末の測定図表③④が使えます。③の計測盤にはガンの名前が書いてありますが、ガンでなくて、ほかの病気を調べたいなら、④の空欄に疑っている病名を書き込んでもいいでしょう。

そして「政木フーチ」で「私の病気を示してください」と念じればいいのです。

ただし、「政木フーチ」では知らないことはわかりません。それぞれの病気についてあらかじめどんなものか知っておくのは、新型コロナウイルスを測ったときと同様です。

病気の画像をネットで検索して、どんなものかを理解してから測りましょう。

なお、測定図表を使うときは、振り子が往復するので、二つの病名の間を行き来することがあります。①②の半円形の測定図表、⑤の十字の測定図表でも同様です。振り子ですから、軌道は往復します。たいていはどちらかにより大きく振れるはずですから、それを読み取ればいいと思います。

そうならないときは「政木フーチ」が迷っている可能性があります。時間をおいて再度試みるか、迷っている二つの病名を、個別に「政木フーチ」で測り、数値の違いをみるようにしてください。

失敗する確率0・3％と4％。どちらを選びますか

「政木フーチ」を使えば、体に負担をかける不必要な医療を避けることもできると私は

考えます。日本の医療は西洋医学を中心に行われているので、どうしても検査や投薬、手術が中心になります。でも、残念なことに、その治療がかえって命を縮めるという逆説を生んでしまうこともあるのです。

一例をあげます。脳の動脈に瘤《こぶ》ができる脳動脈瘤《のうどうみゃくりゅう》という病気があります。この瘤が破裂するのがくも膜下出血で、生死にかかわる重大な病気です。

脳動脈瘤は前ぶれもなく、突然破裂します。ですからふつうはある程度の大きさになると、クリップで血流を止めて動脈瘤に血液が行かないようにするなど、外科的な手術を行います。しかし手術ですから、100%成功するとはかぎりません。私が見たある論文では、失敗して亡くなったり、半身不随になってしまったりする確率が4%くらいあるそうです。一方、脳動脈瘤が破裂する確率ですが、大きさが5ミリ以内の瘤なら0・3%だといいます。

手術をして失敗する確率は4%、放置して破裂する確率は0・3%。あなたならどちらを選ぶでしょうか。

知り合いの医師は、「5ミリ以下の脳動脈瘤なら放っておいたほうがいい」と言います。

どちらを選ぶかは個人の自由ですが、少なくとも西洋医学にただ従うのではなく、できるだけ自分で情報を集めて、自らしっかり選択をするほうがいいと思います。「政木フーチ」はその情報のひとつになり得ると私は考えます。

私の知り合いは、肺ガンになり、日本最高峰のガン専門病院で、余命3カ月と宣告されました。すでにステージ4で、手術もできず、あとは延命治療をするのみの状態でした。

知り合いは、そこで決意しました。どうせ余命3カ月なら、体にダメージが多い西洋医学は拒否しよう。そして「ガンにいい」といわれる東洋医学や民間療法、食事療法などありとあらゆる方法を試そうと、決心したのです。

なかには怪しげなものや、高額な費用がかかるものもあったようです。しかしながら、とにかくそうやって西洋医学以外のやり方を試みたところ、結果的に余命3カ月の宣告から7年半も生き延びることができたのです。

その間、カナダにオーロラを見に行き、モルジブでリゾートを楽しみ、やりたいことをみなやって、最後はホスピスで安らかにすごして亡くなりました。

私は西洋医学を否定する者ではありませんが、それがすべてではなく、ほかに選択肢もあるのだ、ということを述べておきたいと思います。

胃ガン検診が胃ガンを増やす？

最近、健診の項目に、バリウムを飲む胃の検査があると、パスする人が増えていると聞きます。

検診による体へのダメージは話題になっていたのですが、新潟大学医学部の岡田正彦教授（現・名誉教授）の「週刊現代」に掲載された記事は考えさせられることの多いものでした。

記事によると、かつてのチェコスロバキアで行われた肺ガン検診の追跡調査で、検診を定期的に受けていたグループと受けなかったグループを比べると、なんと検診を受けたグループのほうが肺ガンの死亡率が圧倒的に高かった、というのです。

これだけでも驚きですが、さらには肺ガンだけでなく、それ以外の病気による死亡率も明らかに高かったそうです。

なぜ、死亡率が高くなるのかというと、エックス線の被ばくが原因のひとつと考えられます。日本では当たり前のように胸のレントゲン検査（エックス線による検査です）が行われていますが、イギリスの研究チームによると、日本人のすべてのガンのうち3・2％から4・4％は、エックス線検査によるガンが原因と考えられるそうです。

そして岡田先生によると、「胃ガンの検診は、胃ガンを減らすどころか、むしろ増やしている可能性がある」というのです。

なぜなら肺ガン検診なら、「息を大きく吸って、はい、止めて」の1回のエックス線撮影ですみますが、胃ガン検診では、バリウムを飲んで何枚も写真を撮影しなければならないので、検査をしている間中、ずっと放射線を浴びていなければなりません。その被ばく量は肺ガン検診の100倍近く高くなるそうです。バリウムを飲む胃ガン検診は肺ガン検診を100回受けたのに相当するということでしょうか。

「でも検診でガンが見つかるなら、少しくらい体にダメージがあってもいいのではないか」という意見があります。しかし、じつは検診でガンが見つかる確率はものすごく低いのです。東京都の例をあげてみましょう。東京都福祉保健局の平成28年度男性のデータによると、肺ガン検診でガンが見つかる確率は０・０５％です。

ある会社では毎年３００人から４００人の全社員が、費用会社持ちで健康診断を受けます。10年間でのべ４０００人が健診を受けた計算になります。でもガンが見つかった人はひとりもいません。

一方、ガンで亡くなった人はこの30年で10人います。健診では０。実際に死んだ人は10人。考えさせられる数字です。

それでも毎年膨大な数の人間が健康診断を受け、膨大な額のお金が費やされます。健診事業はいまや立派な利権になっているのです。

その会社のある部署で、全社健診があったあと、部員全員が毎年順番にひとりずつ「要精密検査」になり、病院に呼ばれて精密検査を受けていたそうです。もちろん検査の結果は異常なしです。

検査費用の増額のために、毎年ひとりずつ呼んでいるのじゃないだろうか、とうがった見方をした人もいると聞きました。もちろん、そんなことはないと思いますが。

こういう費用が日本の財政を圧迫しているのです。私見としては、健康診断は的確に行うべきだと思います。まずは「政木フーチ」で〝プレ健診〟をしてみて、気になるところを病院でみてもらうという「棲《す》み分け」があってもいいのではないかと思います。

もしあのアイドルが「政木フーチ」を使っていたら

国民的なアイドルがガンを何度も再発し、つらい治療や手術を克服して、テレビに登場した姿を見たことがあります。ガンが見つかったときは、すでにかなり進行していたそうです。

その前に何度も体の異常を感じていたのですから、もしその段階で「政木フーチ」で測っていたら、なんとかできたのではないか、と残念に思います。

たとえばもし体にちょっとしたできものができたとき、それがたんなる吹き出物か、皮膚ガンの芽かは「政木フーチ」で、ある程度推測できます。こういうときこそ、「政木フーチ」の出番なのです。

単純な吹き出物なら、振り子が示すのはせいぜいマイナス10くらいの値でしょう。でもマイナス100を超えたら、ただの吹き出物ではないだろうと推測できます。

1週間後に測ってみて、マイナスの数値が増えているようなら（たとえば200を超えているとか）、おそらくガンではないかと思います。私の経験でいくと、マイナス800になると、1センチくらいのガンである場合が多いのです。

ふだんから「政木フーチ」を使って自分の健康をチェックしていれば、そうした判断もできるので、手遅れになる前に対処ができます。

「政木フーチ」は、病気そのものだけでなく、病気になる原因もある程度予測できます。私はセミナーで、受講生たちにこの国民的アイドルについて、第三章で説明した「九つの要素」を「政木フーチ」で測ってもらいました。

くり返しますが、他人を許可なく測るのはいけないことです。ただし、みんなが知っている政治家や有名人、偉人について、真摯な思いで勉強として測るのであれば、公のためにもなるので問題はありません。

あくまで、私的な個人を、興味本位でのぞき見するのがいけないのです。

さて、この国民的アイドルの測定結果はどうだったでしょうか。みんなで測って平均値を出したのが、次ページの表です。とくにマイナスの測定値の高かった要素を抜粋して載せていますが、この方の場合、「祖先」の要素に極端に高いマイナスが出ています。調べてみると、このアイドルには祖先に戦国武将の一族がいて、戦に翻弄されたあげく、滅亡してしまいます。のちにその地方で村人がみな殺しになるという大事件が起きます。私は親戚や年寄りから、この話を聞いたことがあり、よく知っていますが、これはその一族のたたりではないか、といううわさも流れているようです。

いずれにしてもこの高いマイナスは戦国時代にかかったうらみや不成仏の霊が原因かと思われます。

〈人生をとりまく九つの要素 チェック表（抜粋）〉

アイドルAさん	測定値
神々→背後のエネルギー	−100
祖先→先祖の徳、不成仏、うらみ	−450
魂→第一生命体＝過去世	−350

（ほか六つの要素も合わせて）総合計 −600

ですから、病気を治したかったら、薬や手術による治療だけでなく、本人をとりまくマイナスの要素も消していかなければいけません。治療をしても思うように回復しないときは、第三章の「九つの要素」を測ってみて、マイナス値の高い要素の改善を行うようにしてください。

病気の場合、多くは「祖先」に原因が起因することが多いので、そういうときは、祖先のお墓参りや先祖供養をとり行いましょう。また、うらみを持つ霊に謝罪して成仏してもらえば、症状も変わっていくと思います。

私が品川のホテルで高熱にうなされたわけ

病気の中には何の前ぶれもなく、突然高熱を出し、体力を奪ってしまうものもあります。20年前、品川のホテルで私を襲ったのも、まさにそんな症状でした。

原因はウイルスであることが多いのですが、ウイルスを活性化させ、狂暴化させる、〝火付け役〟のようなものが存在するのです。とくに「気」の悪い場所や、マイナスのエネルギーを持つものにふれると、ウイルスが暴れるきっかけになります。

20年前の私の体験談をお話ししましょう。私は東京で伝統文化に関する講演をする予定で、岡山から上京し、品川のホテルに宿泊しました。

講演の前日、知人に頼まれて、ある家の風水をみに行ったのです。家自体に問題はありませんでしたが、建っている場所が大変強い負のエネルギーを持つ土地でした。「政木フーチ」で測ると、なんとマイナス８００を超えてしまいます。

過去にあまりよくないことが起きた場所は、往々にして、高いマイナス値が出ることがあります。そこではとるべき対策をアドバイスし、宿泊先のホテルに戻りました。

すると、なんだか私自身の体調がすぐれません。翌日は大切な講演なので、病気にかかってはまずいと思い、「政木フーチ」で測ってみました。

0かプラスなら病気ではありません。でもマイナス40という微妙な値が出ました。それが午後8時のことです。続けて午後11時くらいにどうなっているかについても測ってみたら、今度はマイナス200になったのです。

「まずい」と思っているうちに、ぐんぐん体温が上がっていって、夜中すぎにはとうとう体温が40度になりました。関節の痛みはともなわないので、インフルエンザではないようです。一晩中、熱にうなされて、翌朝、近くのクリニックに駆け込みました。幸い、点滴をしてもらうと症状がおさまり、なんとか講演を行うことができました。

クリニックの医師によると、原因はウイルスで、一度感染したら抗体ができるので、もう二度と発症しないでしょうということでした。でも「政木フーチ」で測ると、「また症状は出る」と出ます。その通りで、3カ月後に行われた京都の講演で、やはり前日、39度の高熱におそわれました。

こんなことがくり返されると困るなと思っていたとき、Ｏ《オー》リングテスト（親指と人差し指でＯ字形の輪をつくり、診断者がその輪を引っ張りながら質問、該当箇所に異常があれば輪が簡単にはずれるという診断法）で有名な米国コロンビア大学の大村恵昭《おおむらよしあき》医学博士の論文を読んだのです。「なるほどな」と納得できました。

大村先生によると、体内にはウイルスが隠れる場所があって、とくに、体に溜まった水銀などの重金属はかっこうの隠れみのになるそうです。いってみれば、重金属はウイルスの城塞のようなものです。その中に入ってしまうと、免疫細胞はウイルスをやっつけられません。

ウイルスは城塞の中で、何年、何十年にもわたってひそみ続け、虎視眈々《こしたんたん》と攻撃の時をうかがっています。そして何かのきっかけで飛び出し、暴れ出すというわけです。

品川で私が発病したのはウイルスが原因ですが、そのウイルスを活性化させたのは、間違いなく、測定した家の、強大なマイナスをもった土地のエネルギーがきっかけでした。京都で発病したのは、おそらく疲れがきっかけでしょう。

なお、大村先生によると、ウイルスによる病の再発を防ぐには重金属の城塞ごとウイルスを体の外に出してしまうのがいいそうです。

大村先生は重金属を排出させるものとして、中国パセリ（パクチー）を推奨しています。さっそく中国パセリをつとめて食べるようにしていたら、その後は、今日にいたるまで一度も高熱を出さずにすんでいます。原因不明の高熱をよく出すという人は、試しに中国パセリを摂取することをおすすめします。

ちなみにチベット医学の治療では、水銀をはじめとする体内の重金属の排出を重要視しています。

薬、サプリ、食品、化粧品、使うものを「政木フーチ」で測定する

「政木フーチ」を使えば、自分が使っている薬やサプリメント、シャンプーや化粧品はもちろんのこと、食品や目の前の料理が自分の体に合うかどうかが、数値で測れます。

「このサプリ、効果はあるのだろうか」とか「これ、食べて大丈夫？」と不安に感じたときに、「政木フーチ」ならプラスいくつ、マイナスいくつといったように、具体的な数字で見ることができるのです。

人の体は一人ひとり違っていて、ある人にいいサプリがほかの人にもいいとはかぎりません。薬も人によって効果のあらわれ方が違います。さらには朝と夜で、同じものでも効果が違ってくることさえあるのです。

毎日使っているシャンプーや化粧品、食べている食品も調べてみましょう。「政木フーチ」を使えば、自分に何が合うのか、どれくらいの使用量が適当か、一目瞭然です。

私の知り合いの内科医は、患者さんに薬を出すとき、「政木フーチ」で測って薬の種類や量を決めているそうです。

もちろん、患者さんに「政木フーチ」を参考にする許可を取り、自身の診察と併用した上でのことです。**どんなにいいといわれる薬でも、AさんにもBさんにも同じように効果があるのかどうかわからない**ので、あらゆる判断法を用いているのです。

私のセミナーを受講しているある女性は、体に取り入れるものは、すべて「政木フーチ」で測っています。スーパーマーケットで食材を買うときも「政木フーチ」で測って、右回り（イエス）になったものだけ購入しますし、シャンプーやリンス、化粧品もすべて「政木フーチ」でチェックずみです。

外で食事をするときも「政木フーチ」で測り、選べるのならば、マイナスが出たものは食べません。ただし、接待の席など、場の雰囲気を壊してしまいそうな状況では難しいでしょう。この場合は、自分流のお祓いをして食材に感謝しながら食べていると言っていました。ひじょうに賢明なやり方だと思います。

お祓いの方法ですが、決まったものはありません。

手をさりげなく料理の上にもっていき、左右に払うのでもいいでしょうし、心の中で払うのでもいいでしょう。食材に感謝して、いただくという彼女の姿勢は素晴らしいと思います。

また、別の女性は更年期障害で髪が薄くなってしまいました。ドラッグストアにある全部のシャンプーを、「政木フーチ」でそっと測り、右回りになった少し高級なシャンプーに変えてみたところ、髪につやとコシが出て、毛量も増えたそうです。

そういえば、Oリングテストを開発した大村恵昭博士も、食事の前はOリングで必ず測っておられます。あるとき接待で、ほかの何人かの医師と高級な料亭に招かれました。生《い》け簀《す》の新鮮な魚がお刺身で出されたのですが、大村先生はひと口も口にしなかったそうです。Oリングテストで測ってみたら、「体によくない」と出たからです。

ほかの医師たちはみなお刺身を食べたのですが、全員が食中毒になり、大変な目に遭ったそうです。どうやら、生け簀の水槽の中にウイルスがいたようです。生きがいいといえども、飼育されている水によります。

Oリングはそのことを見事に言い当てていたのです。

ある内科医が辿り着いた結論

「政木フーチ」を使って、処方箋をつくる参考にしている内科医がいます。前の本でご紹介した戸田博豊《とだひろとよ》先生です。

先生は国立大学でサイエンスを学ばれたあと、別の国立大学医学部を卒業した優れた医師です。若いころは医療の最前線の場で活躍し、難しい病気の患者さんをたくさんみてきました。

その後、先生は針や漢方なども組み合わせて治療をされてきましたが、今の医学、医療では患者さんを治せない、治せていないことがわかりました。

しかしながら、「政木フーチ」とチベット医学を組み合わせると、患者さんの病気の原因がわかったというのです。

この原因を取り除いてやるだけで病気が治る、とのことです。

ある一例を紹介します。

20代前半の女性が先生のところにやってきました。一週間40度の熱が出ても治まらないというのです。近くの医院でみてもらいましたが、治りません。

「政木フーチ」を使って、女性の人間性を見ると、性格がよく、高い波動が出ています。人間性が高い証拠です。おそらくこの地球に来て初めての人生ではないか、と先生は考えました。

だから今の環境になじめず、他人とのつきあいがうまくできず、彼女の心身は悲鳴をあげていたのです。

さらに先生が「政木フーチ」でみていくと、熱の原因はたくさんの生霊のせいでした。先生いわく「生霊にはうらみとねたみの二つがあるが、このケースは人間性が高すぎることへの恨みである」とのこと。その場で先生が除霊し、ほかの病気がないかどうか確かめるために、採血をして、「明日来るように」と伝えました。

翌日やってきた女性は、みごとに熱が引いていました。採血の結果も異常なし。治療は無事修了して、投薬はありませんでした。

このケースでは病気の原因は生霊でしたが、ほかには不成仏霊、地縛霊、ご先祖さまの霊などがとりついていることもあるそうです。

先生のところには薬では治らない難病を抱えた患者さんが次々とやってきます。戸田先生の試みはこれからの医学に必ずや新しい道を開くでしょう。

その一助に「政木フーチ」がなるのなら、これほどうれしいことはありません。

余談になりますが、なぜ医師が白衣を着ているかご存じですか。

諸説ありますが、その中で、白衣は邪悪なものが自分の中に入ってくるのを防ぐバリアの役目を果たしているという説があります。

病院には成仏しきれない不成仏霊や生霊、死霊など、邪悪なものがやってきます。病院を出るときは、白衣を脱げば、邪悪なものはそれ以上ついてきません。白衣は衛生面だけでなく、邪悪なものを防ぐ防護服とも考えられるということです。

第五章

運を加速させる「政木フーチ」的生き方

激変する時代の乗り越え方、ビジネスのあり方、人生100年時代での「個」の活かし方。適した道を示してくれるのが、「政木フーチ」です。

ここまでの四つの章では、個人的なことを知るために「政木フーチ」をどう使うかについて紹介してきました。

しかし、じつは「政木フーチ」を使って、もっと広範囲のことも知ることができます。この章では、世の中の動向を見極め、それを「政木フーチ」を使って、ビジネスに、生き方に、どのように反映させるかについて、考えてみましょう。

これからの日本でどう生きるのか

「政木フーチ」では日本や世界の未来をみることもできます。

「政木フーチ」で測ってみると、日本の未来はみなさんが思うほど安泰ではありません。なぜこんなにネガティブな結果が出るのか、不思議になって、私は国や行政機関から発表されるさまざまなデータを調べてみました。驚きました。

みなさんは日本がまだ経済力があり、世界の先進国の一員だと思っているかもしれませんね。たしかに日本は２０２０年現在、ＧＤＰ（国内総生産）でかろうじて世界第三位です。でも知らない間に日本はどんどん後れをとっているのです。その顕著なあらわれが、各国と日本の賃金の伸びの比較です。

２０１８年のＯＥＣＤ（経済協力開発機構）の「主要国の時間当たりの賃金推移」の統計データによると、加盟する主要国のうち唯一、日本はこの20年間、平均賃金が下がり続けています。

ほかの国は、いちばん伸び率の低いドイツでも50％増、韓国にいたっては20年前の１５０％増以上になっているというのにです。

ふつうに考えても、20年前の給料より今のほうが低いというのは、あり得ない話です。そんな状況に日本だけが甘んじているのです。

でも私は救いがあると思っています。それは日本人の民族性です。日本人は真面目で、勤勉な民族です。一人ひとりが持てる力を１００％開花させれば、国力は十分回復させられると思うのです。

有名な浮世絵師の葛飾北斎《かつしかほくさい》は、『富嶽三十六景』や『富嶽百景』、『肉筆画帖』などの著名な作品を数多く残していますが、これらはいずれも70歳を過ぎてから、才能を爆発させた賜物です。

99歳で亡くなった評論家の秋山ちえ子さんは、「本当の仕事ができるのは60歳を過ぎてから」と言っています。今の60、70代はまだまだ若い。人生100年時代といわれますが、その年齢からでも、まだまだ新しいことに取り組む力が残っています。

高齢になっても第一線で働き続ける環境さえあれば、もっと価値ある素晴らしいものを創造していくことが可能でしょう。GDPも今より少しはアップすると思います。それに日本には推定100万人といわれる引きこもりの人たちがいます。働いていない彼らが社会復帰できる機会があれば、労働力不足の問題も解消できるのではないでしょうか。

潜在的な力はまだ存分にあるのです。私たちはまだそれを引き出していないだけです。

そのためには一人ひとりが背負うマイナスの重荷を軽くしてあげることが大切だと思

います。どんなに足が速くても、10キロの重荷を背負って走らされたら、何百メートルも走れないでしょう。もしマイナスの重荷を背負っているなら、取り除いてやればいいのです。そのマイナスを見つけるのに、「政木フーチ」が役立つのです。

第三章で説明したように、「政木フーチ」で、個人を囲む背後の九つの要素を測ってみます。するとどこに大きなマイナスがあるかがひと目でわかります。マイナスが足かせとなって、能力が発揮できるのを妨げているのですから、その人が抱えているマイナスをできるだけとってあげればいい。

たとえば「家屋」が悪いのなら、風水で家を整えたり、「お墓」が大きなマイナスなら、祖先の供養をしっかりして、お墓や仏壇をきれいにする。

とにかく、その人をとりまくマイナスとなる要素を取り除いていくだけで、人生を軽々と走れるようになります。

これから日本はますます人口が減っていきます。GDPだけで比べれば、14億人も人口がある国には負けてしまうでしょう。でも幸福度はどうでしょうか。

大切なのは、**いくら稼ぐかではなく、どれだけ心豊かに、幸せを感じて生きられるか**です。少なくとも、これから未来を生きる子どもたちがいかに平和に、幸せに暮らせるか。そこが令和という時代を測る指標になるのではないでしょうか。

そして、幸せとは一人ひとりが感じるものであって、その積み重ねが国全体の幸せになっていくものです。日本の国力は落ちていくかもしれませんが、幸福度は上がっていく。それでいいと思います。

マイナスをあまりに多く背負って生きている人がいないように「政木フーチ」を使って、チェックするやり方を、もっとたくさんの人たちに知っていただければ、日本は仮に今より国力が落ちたとしても、人々は十分幸福でいられると思っています。

自分にとって「令和」がどうなるか、が大事

一方で、日本全体、世界全体の大きな流れとは別に、個人の人生の流れもあります。

日本が好景気でわいているときでも、会社を解雇されて人生最悪の状態に置かれる人はいるでしょう。世界中が疫病でパンデミックに陥《おちい》っているときに、愛する人と両思いになって幸福の絶頂の人もいるでしょう。

世界の潮流と、個人の幸せとは必ずしも一致しません。ですから、「政木フーチ」で令和という時代を測るときは、「誰にとって」という「人」を特定しないと、正確には測ることができません。

令和で素晴らしく成功する人もいれば、失敗して大変な目に遭う人もいるからです。

以前、私のセミナーで受講生たちに、自分にとって令和がどんな時代になるのか、測ってもらったことがあります。

測った結果は隣の人にもセカンドオピニオンをそれぞれお互いにとってもらい、自分の結果と照らし合わせてもらうことにしました。

するとある男性の結果が、隣の人の結果と正反対になってしまったことがありました。男性が自分で測った令和はあまりパッとせず、マイナス5が出ていたのですが、隣の人が測ると、男性の令和はひじょうによく、プラス20を示したのです。

セミナーの受講生たちは、「政木フーチ」の扱いに慣れていますから、セカンドオピニオンをとっても、ほとんど差が生まれません。

ここまで正反対の結果が出るのは珍しいと思い、二人に話を聞いてみました。すると男性のほうは令和の始まりのころをイメージしていて、隣の人は令和の終わりをイメージしていたのです。

人の運勢には必ず波があります。「令和」の初期、中期、終期をとっても、人生模様はおそらく違っているでしょう。

そこで、今度は男性の5年後、10年後に時期を限定して、「政木フーチ」で測ってもらいました。

すると二人とも、「男性の5年後はややマイナス、10年後は大きくプラス」という結果になりました。つまり、男性は令和の初めのころは少し人生が停滞しますが、10年を過ぎるころから飛躍が期待できるということです。

このように、未来を測るときは、誰の未来か、いつの未来か、限定して測ることが大切です。

ビジネスを成功させる二つの要素

競馬では速い馬に重りを背負わせ、ハンデをつけて競わせることがあります。どんなに強い馬でも、重りを背負って走ったら、速く走れません。弱い馬が勝てる可能性が出てきます。競馬の世界ではレースを面白くするために、わざとそんなこともするのです。

競馬の重りにあたるのが、第三章で説明した九つの要素にあらわれるマイナス値です。たとえば「祖先」の要素にマイナス200も出てしまったら、その人がどんなに努力しても足を引っ張られてしまいます。「家屋」で大きなマイナスが出たら、引っ越さないかぎり、実力は発揮できません。

本当は実力がある強い馬なのに、重いハンデを背負わされて、弱い馬と一緒に人生を走らされているとしたら、そんな残念なことはありません。

思うような人生を生きたかったら、九つの要素からマイナスの重りをなるべく減らして、プラスに変えていかなければなりません。

とくにビジネスにおいて、マイナスを減らしたいのは「祖先」と「人間」の要素です。「祖先」の要素がマイナスの人は、成仏していない先祖がいる可能性が大です。

先祖の霊は、基本的には自分の子孫の助けになろうとしているのですが、成仏していない状態だと、それがうまくできません。結果的に縁ある人たちにまとわりついて、災いや障害をもたらしてしまうのです。

でも**十分供養されて、成仏できると、今度は強力な応援者となって子孫のサポートをしてくれます。「祖先」の応援が得られると、ビジネスは勢いがつきます。**成功している経営者の多くが、お墓参りを欠かさなかったり、先祖供養を大切にしているのは、成仏したご先祖さまたちから応援をもらう効果を実感しているからです。

また、「人間」の要素、つまり人間関係もビジネスの成功において重要な鍵を握ります。とくに重要なのは、誰と組むか、ビジネスパートナーとの相性です。結婚に置き換えてみるとよくわかります。相性のいい人と一緒に歩めば、窮地に陥ったときも助けてもらえ、人生がうまくいきます。

山田洋次監督と亡くなった名優の渥美清さんがいい例です。二人の相性を「政木フーチ」で測ったことがありますが、結果はプラス220と、魂の関係でも最高レベルでした。この二人は一緒に組むことで、1＋1＝100くらいの相乗効果が生まれたのです。

さらに、山田監督と渥美さんの妹役を演じた倍賞千恵子さんの関係もプラス200を超えます。倍賞さんは山田監督作品に70本も出演しています。この三人の相性が日本映画史にさん然と輝く名作『男はつらいよ』を生んだわけです。

後世に残るような仕事をするためには、人の実力プラス人間関係の相性が重要です。最近、ソウルメイトやツインソウルという言い方がありますが、読者のみなさまもぜひこの「魂の相性」を測定してください。相性がプラス200だと10倍以上の成果が出ます。ただし、マイナス200の関係もありますので要注意です。

実力があり、素晴らしい人間性の持ち主が二人集まっても、相性がマイナス200だと、あらゆる災いが降りかかり、仕事が頓挫《とんざ》します。

なお、ビジネス上の相性をみるには、相手の名刺を「政木フーチ」で測ってみるのがいいでしょう。名刺交換したあとに、必ず「政木フーチ」で測る習慣をつけておくといいと思います。

誰と仕事をするのがベストか、「政木フーチ」が的確に判断してくれます。

ちなみに、これも「自分にとって、○○さんとの相性はどうか」ということをみているので、相手のことを勝手に測定していることにはなりません。

懺《ざん》悔《げ》経《きょう》を読んで営業成績日本一に

背負わされたマイナスの重りを軽くして、仕事運にはずみをつける素晴らしい方法があります。それが懺悔経を読むことです。

懺悔経は悪縁を良縁に転化させる力があります。またビジネスで障害となりやすい、同僚やライバルのうらみやそねみ（そこから「生霊」が生まれます）も防御できます。

私のセミナーに、ある大手都市銀行に勤める女性がいます。離婚を機に銀行にお勤めしたシングルマザーですが、最初に配属された店舗では、同僚や先輩たちにいじめられてさんざんな目に遭いました。見かねた上司が新店舗へ異動させてくれたそうです。同じころ、彼女は私のセミナーに参加しました。たまたま父の和三《かずみ》の話を本で知っていて、「政木フーチ」に興味を持ったからでした。

大変素直な方で、すぐに「政木フーチ」を仕事に取り入れてくれました。彼女のやり方はこうです。バッグの中にいつも振り子を入れておき、今日営業で回る地域を「政木フーチ」で測ってみるのです。

1丁目、2丁目、3丁目とあったら、どの地域を回ったらいいか、「政木フーチ」で測ってみます。そしてプラスの数字がいちばん高かったエリアを重点的に回ります。すると、とてもいいお客さんに巡り会えるようになりました。

あるとき、全国の支店を対象に、営業成績を競うコンテストがありました。彼女はどうしてもトップの成績が出したくて、毎日、仕事に出る前に懺悔経を読み始めたのです。

懺悔経は「先祖」の未浄化の因縁をきれいにしてくれます。おそらく毎日懺悔経を読んだことで、障害となるマイナスの重りがどんどん取り除かれていったのでしょう。望み通りのお客さんに次々と出会え、素晴らしい縁が広がっていきました。

営業の全国コンテストを含め、3回日本一となったのですが、それが結果的に、「支店の営業実績全国1位」「エリアの全国コンテスト1位」と支店もエリアも、それまで長年逃してきた「業績表彰受賞」にもつながったそうです。「政木フーチ」と懺悔経をビジネスに最大限生かした例です。

この方にはさらに後日談があります。魂の片割れ、この方に言わせると「ツインレイ」に出会えたそうです。自分の息子と同じくらいの若いイケメンの男性で、唯一無二の存在だとか。仕事でもプライベートでも成功できたのは、「政木フーチ」と懺悔経のおかげだと語っていました。

ほかにも、「政木フーチ」を使って出世したり、ビジネスを成功させた例は数えきれないほどあります。

じつは私のこの本を担当してくれている男性編集者も、「政木フーチ」と懺悔経を駆使して、本来持っている実力を引き出して、会社の業績を一気に伸ばしました。その功績で役員に抜擢され、さらに売上アップに貢献しています。

また前著で紹介したコスメティッククリエイター瀧崎和幸《たきざきかずゆき》さんは、独立して起業して以来、ますます事業を広げています。取引相手は「政木フーチ」で測るので、かなりしぼられてしまいますが、逆に売上は3倍に増えているとか。最近はさらなる新製品の開発に取り組んでいて、仕事の依頼が後を断たず、うれしい悲鳴だそうです。

50代で有名企業を早期退職して起業した男性も、3年前に「政木フーチ」を知り、経営判断や社員の採用、賞与などを「政木フーチ」を参考に決めています。自分の判断に自信が持てるようになったと言い、目に見えない世界の存在を確信できるようになったそうです。

何億円単位で事業を動かしている不動産関係の経営者は、この物件に投資できるかどうかを、資料のデータと「政木フーチ」の両方で調べています。「政木フーチ」は成功の確率がプラス30とか、マイナス50など具体的な数字で出てくるので、判断しやすいと言っていました。

経営コンサルティングの神様といわれた故船井幸雄《ふないゆきお》先生も、著書『船井幸雄の人間の研究』（PHP研究所）で「政木フーチ」を絶賛してくださっています。ビジネス運を上げるには「政木フーチ」がひじょうに役に立つことを、たくさんの人たちが教えてくれています。

誤解しないでいただきたいのですが、「政木フーチ」を使って、懺悔経を読みさえすれば、出世したり、ビジネスで成功をおさめたりできるというわけではありません。「政木フーチ」はあくまでも、その人が持っている実力を引き出すツールなのです。

アルファ波で仕事をするとビジネスチャンスを引き寄せる

私たちの脳波はベータ波（覚醒した状態）、アルファ波（リラックスした状態）、シータ波（浅い睡眠の状態）、デルタ波（無意識。深い睡眠状態）の大きく4種類にわけられます。

ふつう仕事をしているときは、覚醒したベータ波になっています。それが高じてくると、仕事をしていないときでもベータ波のままでなかなかリラックスできません。ストレスがたまって不眠症になったり、病気になったりするのもこのベータ波が原因です。

それにベータ波の状態だと、私たちの中にある第一生命体にはアクセスできません。未来からの情報などさまざまな有益な情報が受け取れないのです。

でも「政木フーチ」で測ることを習慣にしていれば、すぐにアルファ波、またはシータ波の状態に自分を持っていけます。

ちょうどスイッチを切り換えるように、必要なときだけ覚醒したベータ波になり、あとはリラックスしたアルファ波やシータ波でいられるのです。するとあたかも偶然に引き寄せられるように、ビジネスチャンスが目の前にやってきます。

私の親類で、都内の有名大学を卒業したあと一流企業に勤めた女性がいます。彼女は毎日、丸の内に通勤しながら、「自分がいる場所はここではない。私は、本当はフォトジャーナリストになりたかった」と思っていたそうです。

あるとき、週末を利用して岡山の実家に帰ることになりました。しかし金曜の夜の新幹線は、どの列車も混んでいます。彼女はやむなくのぞみのグリーン車を取りました。

すると、偶然にも隣の席に座っていた人が大手通信社の社員だったのです。話をしているうちに、彼女がフォトジャーナリスト志望だと知ると、「ちょうどよかった。うちに来ませんか？　人材を探していたところなのです」と誘ってくれました。

話はトントン拍子に進み、晴れて彼女は通信社に入社。念願のフォトジャーナリストになることができました。結婚を機に会社はやめましたが、今でもフリーランスのフォトジャーナリストとしてオリンピックやサッカーのワールドカップの取材などで、世界を飛び回っています。

あのとき、グリーン車に乗っていなかったら、彼女の今の人生はなかったわけです。たまたま通信社の人と隣り合わせになるのは、たんなる偶然とは思えません。その偶然を引き寄せたのが、アルファ波だったと私は思います。

おそらく新幹線に乗るときも、アルファ波の状態でチケットを購入したのでしょう。アルファ波でいると、第一生命体とアクセスできます。彼女の第一生命体が通信社の人の第一生命体とつながって、その日の、その時間の、のぞみのグリーン車のその席に通信社の人間が座ることを教えたのです。

なぜ、第一生命体同士がつながったのかというと、ちょうどＬＩＮＥの友だち申請と同じだと思ってください。

彼女が自分の第一生命体にアクセスしたことで、第一生命体はＬＩＮＥ（のような能力）のアプリを起動させ、「フォトジャーナリストにつながる人」に〝友だち申請〟しました。すぐに近くにいた通信社の人の第一生命体が反応して、彼女とつながったのです。

成功した経営者はよくこう言います。

「偶然の出会いが私にチャンスをくれた」とか「あのときの偶然の出来事がなかったら、今の私はなかった」など。

「偶然のビジネスチャンス」はみな、第一生命体が動いてくれたおかげです。この仕組

みを活用しない手はありません。

職場でも、プライベートの恋愛、結婚、家庭、ご近所や親戚付き合いでも共通するものといえば、対人関係です。対人関係における「政木フーチ」の使い方についてもふれておきたいと思います。

キャビンアテンダントが嫉妬を撃退できたわけ

世界的なベストセラー『人を動かす』で知られるデール・カーネギーは、若いころYMCAで話し方教室の講師をしていました。

受講生たちと話していて気がついたのは、人の悩みの多くを占めるのが人間関係だったことです。

彼は悩みを解決する本『道は開ける』を書き、大きな反響を呼びました。人間関係の悩みはそれくらい普遍的で、誰もが共通して抱えるものなのです。

人間関係がうまくいかないと、人生にも影を落とします。なぜなら人間関係のトラブルの多くがうらみや嫉妬から生じるもので、それらは生霊（「念」と置き換えてもいいです）となって、人生の足を引っ張るからです。

航空会社でキャビンアテンダントをしている聡明な女性は、職場の人間関係で悩んできました。ＣＡの世界は華やかで憧れの仕事に見えますが、実際には同性からの嫉妬やうらみも多い競争社会です。ストレスからうつや依存症になる人もいるそうです。

その女性も人間関係に行き詰まりを感じていました。上司からはイエスマンでいることを求められるのですが、そうすることもできず、心理学や自己啓発、スピリチュアルな世界などにさまざまな解決策を求めてきたそうです。

でも「政木フーチ」に出合ってからは、すべてに答えが出るので、安心できるようになったと言っていました。

事前に「政木フーチ」で測っておくと、近づいてはいけない人間が即座にわかります。その結果、嫉妬やうらみから来る生霊を遠ざけられるようになった、と感謝されました。

彼女がいつも優しい笑顔を絶やさない理由はここにありました。

彼女もまた、生活のさまざまな場面で「政木フーチ」を使っています。食材は「政木フーチ」でみて、右回りになったものしか買いません。

「政木フーチ」を上手に人生に取り入れて障害になることを取り除いていった、いい例といえましょう。

因縁を終わらせる最強の方法は「謝る」

人間関係のトラブルには過去の因縁が影響していることがあります。400年前に戦があって、Aという人がBという人を殺したとします。殺されたBの魂（第一生命体）は、その憎しみを絶対に忘れません。

Aの魂が100年後に生まれ変わったとすると、Bの魂も同じ時期に生まれ変わって仕返しをしようとするのです。

ある女性から相談を受けたことがあります。

彼女の直属の上司にあたる女性から何年にもわたっていわれのない嫌がらせを受け、悩んでいるというのです。

会社に相談しようにも、女性上司は社内で力を持っているので、聞いてもらえるとは思えません。子どももいるし、経済的な問題もあって会社をやめられないので悩んでいるという相談でした。

私が「政木フーチ」で測ってみると、上司との相性にマイナス１８０という大きなマイナス値が出ました。これだけのマイナス値が出るのは、前世で二人の間に何かあったに違いありません。

さらに「政木フーチ」でしぼり込んでいくと、どうやら前世で女性が上司を殺しているようでした。殺された上司の魂が復讐をするために、今生に生まれ変わって女性に近づき、上司となって徹底的に苦しめていたのです。

こういうケースはけっこうあって、仕返しのために現れるのは、配偶者や親子、友人、同僚、上司といった身近な存在になることが多いのです。なぜなら、もっとも相手を苦しめるためには、そうした近しい存在になるのがいちばんだからです。

この問題がやっかいなのは、両者とも、前世の記憶がないことです。上司はなぜ自分が部下をいじめるのかわかりません。部下もなぜ上司から執拗にいじめられるのかわからない。魂（第一生命体）だけがそれを知っている、という状態です。

「政木フーチ」を使えば、そうした前世の出来事も、数字から推測することができます。もし、前世からの因縁で人間関係がこじれているとわかった場合、どうすればいいでしょうか。

解決策はただひとつしかありません。前世の相手に対して、心をこめて謝ることです。「あのときは本当に申し訳ありませんでした。私が悪うございました」と心の中で謝り続けてください。

相手に対して謙虚な気持ちで頭を下げ続ければ、相手の憎しみもやわらいできます。

とにかく謝り続けること。ときどき「政木フーチ」でチェックして、マイナスの数字が少しでも減っていくよう努力します。そうすれば、必ず因縁が断ち切れ、運気が上向いてくる時がやってきます。

年収、売上は「政木フーチ」ですぐわかる

未来の自分の年収や会社の売上も、「政木フーチ」で測れば的確にわかります。ある会社の売上予測をしてほしいと頼まれたことがありました。中国で雑貨を製造し、輸入している会社で、このところ売上が伸びているというのです。

「政木フーチ」でみてみると、3年後までは順調に売上が伸びていくのですが、4年目で突然、半分以下まで落ちてしまうのです。それまでトントン拍子なのに急に半減するのは、何か大きな問題が起きるに違いありません。

私は経営者の健康を疑いましたが、「政木フーチ」で測っても、とくに問題はなさそ

うでした。理由は不明のままでした。

しかしちょうど4年後に新型コロナウイルスの騒動が襲ってきたのです。中国の生産ラインは止まり、商品が入ってこなくなりました。売上が半減するのは、それが原因だったわけです。

幸い、彼は4年後の売上半減に備えてかなりの内部留保を確保していたので、倒産をまぬがれました。でも「政木フーチ」で未来を予測していなかったら、突然襲いかかったコロナ不況の大波をまともにくらっているところでした。

会社の同僚の年収を予測してあげたこともあります。

3年後に年収1000万円まで行き、一度700万円まで落ちますが、6年後には2000万円になっていました。

「仮に役員になれたとしても、年収2000万円は無理だよな。だから『政木フーチ』は当たってないよ」と彼は笑っていたのですが、なんと6年後に別の会社に役員として転籍し、年収1950万円をもらうことになりました。

もしそのまま会社に残っていれば、年収2000万円はとうてい無理でした。でも、別会社に転籍するという予想外の出来事が起きて、「政木フーチ」が示した通り、年収約2000万円が実現したのです。

5年後、10年後、15年後……というように、自分の未来の年収を「政木フーチ」で出してみるのは、今後の進路を決める上でも役に立ちます。年収が順調に伸びていたのに、突然ゼロになる年があったとしたら、その会社は倒産するのかもしれません。あるいは自分が何かの理由で会社をやめていることも考えられます。

ずっと定年まで勤めたいなら、その会社は不適格ということになります。でも将来独立を考えているとしたら、年収がゼロになる年あたりで、独立しているのかもしれません。「政木フーチ」ではそうした未来もみることができます。今後の進路を決める際に、「政木フーチ」の示す結果がおおいに参考になるのです。

未来のことは、〝今、ここ〟の時点では、誰しもわからないので不安になりますし、決断に迷います。情報を駆使し、自分で調べられる範囲のことを調べるのも大切でしょうが、その情報にどこまで確実性があるかはわかりません。**だから、「政木フーチ」で測るのです。**

才能と「政木フーチ」の関係にもふれておきましょう。

じつは私はスナイパーだった⁉

誰もがさまざまな才能を持っています。しかしほとんどの人たちは、自分の才能に気づかないまま、生涯を終えてしまうことが多いのではないでしょうか。

私の友人で、実家が医者の生まれで、本人も医学部に入って医者になった人がいました。その彼が趣味でやっているシャンソンの歌唱力が半端ではありません。

フランスが大好きで、わずかでも休暇がとれると、パリに行っています。ふだんは方向感覚がなくて道が覚えられないのに、パリの街だけはどんなに入り組んだ路地でも間違わずに行けるそうです。

これは何かあると思い、試しに彼の住居について、どこに住むのが理想か「政木フーチ」で測ってみました。すると現住所の横浜はプラス5、一方パリはプラス200と桁違いの数値が出ました。

やはり彼は日本よりフランスに住んだほうが、人生をより開花できたのです。

医学部に進学しないで音大に進み、本格的に音楽の勉強をしていれば、おそらくパリに留学し、今ごろは世界的なシャンソン歌手になっていたに違いありません。

しかし今からでもけっして遅くないのです。人生100年時代。

定年までは生活があるので、今の仕事を続けたとしても、その後、第二の人生では、好きなことを目指すこともできるのです。そのときがチャンスです。それを第二の仕事にする人もいるでしょう。

前述した、秋山ちえ子さんが言うところの「60歳過ぎてからが本当の仕事ができる」という言葉は真実なのです。

でも、もっと早く「政木フーチ」を使っていれば、そんな回り道をせずにすみます。

進学する大学や進むべき職、住む場所なども的確にわかるでしょう。生涯にわたって、持って生まれた才能を遺憾なく発揮できるのです。

人はどんな隠れた才能を持っているかわかりません。自分の才能を存分に開花させる人生は自分自身にとってだけでなく、社会にとっても有益です。「政木フーチ」なら、隠れた才能を見つけることができるのです。

余談になりますが、私自身の隠れた才能を意外なところで見つけてしまいました。じつは私はスナイパーになったら、「ゴルゴ13」ばりの活躍ができたかもしれないのです。以前、ハワイに行って、実弾射撃を体験したことがあります。耳にイヤープロテクターをして、50メートルほど離れた的をライフルで射抜くのですが、初心者の場合は的に当たりやすいように、レーザー光線の照準器で調整します。

でも私は初心者用ではなく、いきなり上級者向けのライフルを選択しました。照準器の助けを借りずに、的を射抜かなければなりません。

的の中心に当たれば100点、中心からズレるにしたがって、90点、80点と点数が低くなっていきます。

私はなんと99点！　トライしたほぼすべてが的の中心に当たったのです。

これはスナイパー専門の警察官でもなかなか出ない数字だそうです。射撃場の経営者がびっくりして、「おまえは引退したスナイパーか」と聞いてきたくらいです。

そのときは、たまたまビギナーズラックで高得点が取れただけだと思っていましたが、2年後にまたハワイに行って、同じ射撃場でトライしてみたら、やはり99点の高得点をたたき出しました。

これはもう前世で狙撃手だったに違いありません。おそらくハワイかその周辺で、狙撃兵として活躍していたのでしょう。ハワイという土地を訪れたことがきっかけで、その能力がよみがえってきたのです。

このように、関連する土地に行ったときに、隠れていた能力が引き出されることもあります。

「政木フーチ」で測ってみて、高いプラスの値が出れば才能は本物。マイナスが出たら、それはただ、その土地で何者かに一時的にとりつかれているだけとわかります。あなたの眠れる才能を探ることは、新しい人生をひらくことにもつながります。

第六章

生活の中で活かす「政木フーチ」の力

毎日の暮らしの中で使える「政木フーチ」の教えや、
その根底にある考え方、よりよい生き方のアドバイス。
明日から実践できることばかりです。

勝負の前におすすめなのはベートーベンの音楽

一般的に絵画や音楽、文学など、芸術は高いエネルギーをもっています。これはプラスに作用するものもあれば、マイナスに作用するものもあるという意味です。

私が「政木フーチ」で測ったところ、プラス1000からマイナス1000まで、極端に高い数値が計測できました。ビジネスでこれはという勝負をかけるときは、芸術のこうした強い力を利用する方法があります。

私が測った中では、ベートーベンの『葬送行進曲』（交響曲第3番『英雄』第2楽章）がプラス1000という最高に高いエネルギーを示しました。

調べてみると、どうやらベートーベンの曲には龍神のエネルギーが入っているようです。龍神は運気を上げ、天下をとる神様なので、いい仕事をしたいときには龍神のエネルギーが宿るベートーベンのこの曲を聴いて、力に変えたいものです。

とくにクリエイティブな仕事をするときは、この曲がおすすめです。

同じ葬送曲でもショパンの『葬送行進曲』は正反対のマイナスのエネルギーを示します。一説によると、この曲が発表されたとき、ヨーロッパで100人から200人くらいの人が自殺したといわれています。

前述した通り、あるピアニストがこの曲を弾いて気分が悪くなり、コンサートが中止になったエピソードがあります。ほかにも有名なピアニストがショパンのお墓へ行ったところ、頭の中で『葬送行進曲』が鳴り響き、ひどい頭痛で倒れたという話もあります。

芸術性が高い人が弾けば弾くほどエネルギー値が高くなるので、ユーチューブなどに流れているショパンの『葬送行進曲』の映像は聴かないほうがいいでしょう。

もっとも、私のセミナーの受講生の中にはショパンの『葬送行進曲』を「政木フーチ」で測定して、異様に高いプラス値を示した人もいました。食品や薬、水などと同様、一人ひとり影響は違うので、対象となるものは必ず自分が「政木フーチ」で測って確かめてください。あくまで自分の場合はどうなのかが重要です。

ベートーベン以外でプラス値が高い楽曲は、意外にも「株式会社 明治」のお菓子、チェルシーのCMソングです。「ホラ、チェルシー もひとつチェルシー」という歌詞を覚えている方もいらっしゃるのではないでしょうか。

たまたま流れてきたのを測ってみたら、ベートーベンと並ぶくらいプラス値が高く、驚いたことがあります。歌詞も「忘れかけていた幸せ あなたにも わけてあげたい」とあり、前向きで利他の心にあふれているところが、高いプラス値の原因なのかもしれません。

みんなで成果をわかち合うプロジェクトのような仕事には、この曲が応援歌になるでしょう。

あの人と会うときはいつも雨だったら?

あなたには、約束をして会ったときになぜかいつも雨が降る、という相手はいませんか。仏教では二人の関係を推《お》し量《はか》るのに、「瑞相《ずいそう》」という概念を使います。二人が会うとき、そして晴天を望むとき、3回続けて晴天に恵まれたら、二人の関係は大吉です。

でも、3回約束して3回とも雨だったら、相手の人との相性は相当悪いと考えてください。こういう人と一緒にいても、ラッキーなことはありません。

1回目、2回目までは雨降りでも「たまたまそういうこともあるだろう」と思えますが、3回とも雨が降るのはさすがにないだろう、ということです。ちなみに3回様子をみて判断するのは、仏教の考え方から来ています。

試しに「政木フーチ」で相性をみてみると、3回とも雨降りになる相手は、必ずマイナスの値が出るはずです。

ある会社の総務部で、その人が社員旅行の手はずをすると、必ずその旅行は大雨になる社員がいました。めったに雨天はない10月の秋晴れの時期を選んでも雨が降ります。

1年目、2年目は「たまたま運が悪いね」という話になりましたが、3年目の社員旅行が台風で大荒れになるに及んで、翌年からその社員は社員旅行の担当をはずれました。

物事にはやはり相性があるのです。

私も人と会うときは、天気を気にします。最初から晴れているのがベターですが、もっといいのは、会うときに雨がやんで晴れてくる、というものです。

たとえば、恋人とディズニーランドに行くと約束したとします。朝起きたら雨降りでしたが、約束したので決行することにします。ところが目的地に着くと、晴れている。それがいいのです。直前まで雨降りですと、お客さんも少なくてアトラクションも楽々乗れます。

そういえば、天皇陛下の即位当日、朝から大雨だったのに儀式が始まる直前、晴れ間がのぞき空にきれいな虹がかかりました。まるで新しい天皇陛下の即位を祝うような大きくて立派な虹でした。これは、天皇陛下の即位を天と国民が祝福していることを示していたのです。

私も大切な用件を前にして、きれいな虹を見たことがあります。ダライ・ラマ法王にお目にかかるためにインドのダラムサラを訪れたときのことです。レストランで食事をしていると、それまで降っていた雨が上がって、空に美しい虹がかかりました。

ダライ・ラマ法王にお会いする前でしたから緊張していたのですが、虹がかかったことで、この出会いが祝福されていると前向きに受け取ることができました。

卓越した経営者が東寺《とうじ》にお参りする理由

私の知り合いに、ひじょうに成功している経営者がいます。一代で会社を起こし、ロータリークラブのガバナー（地区の代表者）も務めています。はた目にも大変羽振りのいい、強運の方に見えます。その方が折りにふれては、京都にある東寺をお参りしているのです。

宗教をまったくもたない方なので、不思議に思っていましたが、先日、機会があって理由をうかがうことができました。その方は東寺にある大日如来《だいにちにょらい》像に、わざわざ手を合わせに行っていたのです。

大日如来は生霊を追い払う仏様です。人間関係のうらみやそねみは、生霊となって現れることが多いのですが、大日如来がついていれば、そうした人間関係の障害が取り除け、運気をアップさせられます。知人の経営者が強運でいられる理由も、それで納得できました。

成功している方々は大変賢明です。一般の人たちが知らない方法を人知れず実践しています。「政木フーチ」も、じつは現役の閣僚や政治家、有名企業の経営者の方々に秘かに使っていただいています。

彼らの多くは見えない世界の存在を否定せず、先入観を持たずに、いいといわれるものを素直に取り入れています。松下電器（現パナソニック）を世界的な企業に育て上げた松下幸之助翁の座右の銘は「素直」でした。

素直に信じて実践してみると、運の扉が開くのです。

「政木フーチ」で人間関係を測って、マイナス値が出るときは、念のため、生霊のうらみを遠ざける大日如来をお参りすることをおすすめします。

参考までに、お寺をお参りする際の仏さまのご利益についてふれておきます。

大日如来は人間関係の災い、とくに生霊退治にご利益があります。健康について気になるときは薬師如来《やくしにょらい》、ビジネスで成功したいときは宝生如来《ほうしょうにょらい》、知恵や知識を授かりたいときは文殊菩薩《もんじゅぼさつ》です。

そして、どんな逆境からでも救っていただけるのが千手観音《せんじゅかんのん》です。

神社でいうと、龍神をお祀《まつ》りしているところがおすすめで、青龍はビジネスで勝利をおさめたいとき、黒龍は良縁を得たいとき、白龍は癒されたいとき、赤龍は知恵を授かりたいときに効果があります。

こういうこともちょっと知っておくと、より自分の悩みに則した効力がある神社にお参りができます。

なお、素晴らしい気に満ち溢れたお寺や神社に行くと、聖なるエネルギーをインストールしたり、邪悪なエネルギーをアンインストールしたりすることができます。

ただし、神社仏閣の中には悪い気に満ちあふれたところもあります。そこに行くとかえって悪いエネルギーがインストールされる場合がありますので、要注意です。

人のうらみは玄関の榊《さかき》でシャットアウト

先日、ある方の人生をとりまく九つの要素を「政木フーチ」で測定しました。するとほとんどがプラス数値を示したのに、なぜか「家屋」の項目でマイナス30と、やや高めの数字が出ました。このマイナスさえ取り除ければ、素晴らしい運気の人生が歩めそうでしたので、住まいについて聞いてみました。

その方の住まいは、かつては畑だった地に建てた分譲マンションです。建設のとき、周辺住民が反対して、トラブルになった物件だったようです。マンションを買った人たちに何の罪もありませんが、周辺の人たちがあまり快く思っていないのは確かです。本人も気づかないうらみやそねみ、嫉妬を受けていて、それがマイナス30という数字にあらわれたのでしょう。

放っておくと、生霊となって運気を弱めてしまうので、早めの対処が必要です。

こういう場合に効果的なのは、玄関に榊を飾ることです。神棚に供えるあの榊を、1対ではなく、1枝でもかまいませんので、花びんに立てて玄関の下駄箱の上に置きます。置く場所がなかったらたたきに直接置いてもかまいません。

榊がエアシャワーのようになって、家中が清まります。なお、榊の葉の表を家の中に向けること。榊には飾る向きがあるので、間違えないようにしましょう。

一般的に邪気を払うには、玄関に粗塩を盛ったり、酒をまいたりします。しかし塩や酒は土地をしずめるために使います。この場合は、周辺住民とのトラブル、つまり人の怨念や憎しみですから、人をしずめる榊が正解なのです。

もうひとつ、マンションの例をお話しします。

なぜかそのマンションでは住民同士のトラブルが多く、騒音をめぐって住民同士が裁判沙汰になってしまったのです。

一審で負けたほうは意地になって控訴する始末。仲裁に入った管理組合まで巻き込んで、マンションを二分する大変な騒ぎになってしまいました。

なぜ人間関係がこじれるのか、「政木フーチ」で測ってみると、そのマンションは沼地を埋め立てた場所に建っており、沼では人が何人も溺れて亡くなっていたようです。そうしたうらみが負のエネルギーとなって、住民同士のいざこざを引き起こしていたのです。

マンションに住む方から、「よけいな争いに巻き込まれたくない」と相談がありましたので、榊を玄関に置くようアドバイスしました。以後、その家だけ中立の立場でいられるようになったそうです。

人間関係のいざこざは確実に人の運気を下げます。

職場や友人、近所のトラブルに巻き込まれたくなかったら、玄関に榊を置くやり方を覚えておいてください。

水盤または水晶を置く方法もある

前著で詳しく書きましたが、土地で運気を下げるのは、三角地や突き当たりにあるものです。

家や土地を購入する際は、必ず「政木フーチ」で測り、負のエネルギー（左回りに回る）がある場所は避けるようにしましょう。

しかし、すでにそこに住んでいて引っ越せない場合はどうしたらいいのでしょうか。調整の方法がないわけではありません。水盤や水槽など水のあるものや、水晶を置く方法です。

水は悪い運気を流しますし、水晶も邪気を吸い取ります。

水盤や水槽の水はできれば毎日、最低でも週1回は交換します。

水晶は最低でも1カ月に1回は流水で洗ってください。空気清浄機のフィルターと同じで、交換しないと、逆に汚いものが部屋の中に吐き出されてしまいます。

また、水晶は丸い形のものがおすすめです。高いものを買う必要はなく、1000円くらいのもので十分です。


ある方が新築マンションを購入して、引っ越したとたん疲れやすくなり、体調がよくないということが続きました。

ご本人は生活習慣病を疑い、私に連絡してきたのです。

すぐに「政木フーチ」で測ってみましたが、生活習慣病ではないようです。そこでその方の九つの要素を「政木フーチ」で測ったところ、どの要素もプラスの運の強い方だとわかりました。

ただ「家屋」の項目で、マイナス20の数値が出ましたので、とりあえず、部屋の隅に水晶を置き、玄関にはきれいな水草が茂る水槽を置いてもらいました。

置いて1週間もしないうちに、その方の体調はすっかり回復しました。「政木フーチ」で測ったところ、マイナス値が出ていた「家屋」の要素もプラスに変わっていて、家の風水は完全に整えられたことが確認できました。

水や水晶よりもっと強力なのが隕鉄《いんてつ》です。これは鉄を主成分とする隕石のことで、この鉄でつくられた刀剣はひじょうに強いパワーを持っているといわれています。日本で名刀といわれる刀剣の中には隕鉄でつくられているものもあります。

私はこの隕鉄をさる閣僚の公邸の敷地に埋めて、健康状態を救った経験があります。

ただ、隕鉄は偽物が多いのが欠点です。

ネットでも隕鉄がたくさん売られていますが、本物かどうか見分けるのは大変です。

それも「政木フーチ」で測れば一発でわかります。

お寺や神社への参詣で気をつけたいこと

お寺や神社にお参りするのは、素晴らしい仏様や神様に自分のところに来ていただき、お力をお借りするチャンスになります。この「お力をお借りする」という言葉はひじょうに重要です。「借りる」ということは、お返しする必要があるのです。

もし、あなたがお参りしたのちに成功したら、神様、仏様に何かをお返しすることをおすすめします。お布施をお届けしたり、記念物を寄進したりするほかに、世のため人のために尽くすなどでもかまいません。

映画『男はつらいよ』の成功は山田監督、渥美清さん、倍賞千恵子さんの魂のご縁によるものだと述べました。しかし、もうひとつ、映画の重要な舞台である東京・柴又の帝釈天の存在が非常に大きかったことも忘れてはいけません。

『男はつらいよ』は、帝釈天のお力をお借りすることで素晴らしい成功を収めました。一方で、帝釈天も映画のおかげで大変賑わっています。つまり、寅さんシリーズは帝釈天のお力をお借りし、さらに見事にお返ししたのです。逆に、返してもらえる可能性が高いから、力を貸してただけたと解釈することもできます。

帝釈天は大変、大きなエネルギーがあるお寺です。機会があれば、お参りすることをおすすめします。素晴らしいエネルギーがいただけるのに、意外に知られていないお寺や神社もたくさんあります。ぜひ、「政木フーチ」で測って探してみてください。

ここで、お寺や神社に参詣する際の注意事項を記しておきます。

まず、あなたがお参りする予定の寺社を「政木フーチ」で測ってください。

ご利益があるといわれているところでも、マイナスが出る場合があります。これは、「自分にとって行かないほうがよい寺社」だということです。

理由は二つ考えられます。

まず、自分との相性が悪い寺社だということ。古来、龍神を祀っている家の人は稲荷神社にお参りしてはいけないといわれるなど、神様や仏様にも相性があるのです。「政木フーチ」で測ると簡単にわかります。

次に、その場所が穢《けが》れているということ。

私自身の30年ほど前の体験です。あるお寺に行くと、雰囲気が気になりました。午前中に訪れたにもかかわらず、とても暗いイメージです。「政木フーチ」で測ってみたところ、とても強いマイナスが出ました。

さらに詳しく測ってみると、ここには、多数の水子の霊が漂っていました。そのお寺は商売熱心で、土産物コーナーの充実度はかなりのものでした。しかし檀家の人に聞くと、毎年多額のお布施を要求されているとのことでした。つまり、そこはビジネス優先のお寺で、肝心の毎朝のお勤めはまったくされてなかったのです。そのため心を込めてお弔いされるべき水子の霊が成仏せずに浮遊していたというわけです。

以前、神格レベルの神主さんに、神社仏閣といえども行かないほうがいい場所があると教えられたことがありますが、その通りだなと思いました。

穢れたお寺に行くと、かえって身が穢れるので注意が必要です。

第二章にも出てきた龍王池がある岡山県の龍泉寺のご住職は、毎朝滝行をされています。若いころは修行のために、滝行をするお坊さんはいますが、住職になってもまだ、零下になる真冬でも毎日荒行を続けている方は珍しいのではないでしょうか。

このお寺は「場」の素晴らしさに加えて、ご住職の修行のおかげで、日本で最高水準の崇高な場所になっています。

なお、神社仏閣に夜行くのは避けましょう。夜は悪霊や不成仏霊が出やすいからです。理想は午前中のすがすがしいときに参拝をすませることです。

パワースポットとして私が大切にしているお寺

世の中には、成仏できていない霊が多くあります。この霊が時々、いろいろ人にとりついて悪さをするのですが、身内もそれ以外の人も含めて、すぐに成仏させられるという効果てきめんのお経があります。

父が天玉尊《てんぎょくそん》さんに教えていただいた「成仏唱《じょうぶつしょう》」がそれです。このお経はあまりに効果が大きいので、ふだんは経文をアルミホイルに包んで、私の家に厳重に保管してあります。なぜなら、外に出したとたん、成仏させてもらいたい霊が日本中から一気に集まってくるからです。

私のセミナーでは、年1回、本書でもたびたび取り上げた龍泉寺に合宿に行きます。

その際に、境内にある龍王池のほとりで、みんなで成仏唱を読むことにしています。

龍王池は「政木フーチ」で測ったところ、天国にいちばん近い場所だということがわかっています。参加者のみなさんには、自分に縁ある不成仏霊をこの場所ですべて成仏させ、すっきりした魂の状態で帰っていただくのです。

この合宿に参加した方からは「それまでずっと続いていた神経痛の痛みがうそのように消えた」とか、「引きこもりだった子どもが急に学校に通い出した」「商売で大きな仕事が舞い込んだ」など毎年数々の報告を受けています。

ある年の合宿に、小さいころからいろいろなものが見えてしまうという若い女性が参加しました。心配したご両親が彼女をともない、龍王池の合宿に参加したのです。彼女が龍王池のほとりに立ったとたん、不思議なことが起きました。

今まで曇っていた空がいきなり晴れて、5体のはっきりした龍の形の雲が現れたです。すぐにまた空は雲におおわれたので、時間にして1、2分だったでしょうか。やはり不思議な力を持っていると、周りにいた人たちはざわめきました。

彼女の場合、アプリにあたるたくさんの優れた第二生命体が起動しているのですが、それを第一生命体がコントロールできない状態でした。これを自分でコントロールできるようになると、ほかの人にはとても真似できない素晴らしい能力が発揮できます。

ご両親からは、とりついているたくさんの霊を成仏唱で成仏させ、同じくパワースポットである柴又の帝釈天で懺悔経を読むなどいろいろな努力を重ねた結果、少しずつコントロールできるようになっていると聞いています。

「政木フーチ」とは直接関係はないのですが、お寺のお守りがそれを持っている人の身を守ったということもあります。次項で紹介します。

身代わり地蔵が命を救った！

私の知り合いの奥さまで、あるお寺を信心している方がいました。そのお寺は身代わり地蔵尊として、大変霊力のあることで知られていて、その奥さまもお地蔵さまのお守りをいただいて、財布の中に入れて大切にしていました。奥さまには脳梗塞の既往症があって、いつまた倒れるかわかりません。そこでお守り袋にもしもの場合の搬送先とご主人の連絡先を書いておきました。あるとき、奥さまはお守りの入った財布をすられてしまいました。すぐに警察に届けましたが、財布は見つかりません。

その日の夜のことです。自宅に病院から緊急の電話が入ったのです。「奥さまが脳梗塞で倒れて、当院に搬送されました」

ご主人が電話に出たのですが、かたわらでは奥さまが何ごともなく、ソファーでくつろいでいます。では病院にかつぎ込まれたのは誰なのでしょう? ご主人はすぐにピンと来ました。「その人は別人だ。きっと家内の財布を盗んだ犯人が倒れて病院に運び込まれたに違いない」

ご主人の勘は当たりました。病院に搬送されたのは、奥さまと同じ年格好の女性でした。運ばれてまもなく、脳梗塞で亡くなったそうです。持ち物と例の財布があり、その中のお守りにあった連絡先を見て、病院がご主人に電話をしてきたのでした。あとでその女性の身元がわかったのですが、すりの前科がありました。財布をすったのはこの女性に違いありません。

財布と身代わり地蔵は無事、奥さまの元に戻りました。その後、奥さまが定期検診で脳のMRIを撮ったところ、脳梗塞のあとが消えていたそうです。

財布を盗んだ犯人が、奥さまの身代わりで脳梗塞になり、亡くなってしまったとすれば、身代わり地蔵のお力としか考えられません。お守りはそれくらい効力を発揮して、全力でその人を守ってくれるのです。

もし「政木フーチ」で自分の天寿や寿命を測って、短命に終わりそうだと出たら、長寿のお守りを身につけているのも、ひとつのいい方法です。もちろん、「政木フーチ」で測定して、自分に合ったものをいただいてください。

若いころ、どの占い師にも短命と言われた人が、長寿のお守りをいただいてから、80歳まで生きたという話を聞いたことがあります。

なお、願いがかなったり、身を守ってくれたりと時間が経ってお役目が終わったお守りは、ゴミ箱に捨てるのではなく、きちんとお焚き上げに出しましょう。**自分を守って**

くれたお守りに感謝の気持ちを伝えることが大切です。

父方、母方どちらの影響かを調べる

「政木フーチ」で測って極端に高いマイナスの値が出た場合は、そのマイナスが両親のどちらの祖先の影響によるものか、調べてみることをおすすめします。同じ兄弟姉妹でも、どちらの影響を強く受けるかは、それぞれ違います。

まず父方のほうを「○○家」と書き、「私にとって○○家のプラスの影響を示してください」「マイナスの影響を示してください」とそれぞれ念じます。

母方のほうも、父と結婚する前の旧姓、「△△家」と書き、同様にプラス、マイナスを計測します。おそらくどちらかの家系に大きなマイナスが出るはずです。

次にマイナスが出たほうの家系図を書いて、一人ひとり調べていきます。やり方は

１０２ページで記したのと同じです。

家系図にマイナスが出るのは不成仏がいる証拠。それが足を引っ張っていますので、お墓参りをして、必要であれば、お寺にご供養をお願いしてください。

また、懺悔経を読んで、祖先の因縁を解消するのもいいでしょう。懺悔経を読む場合は、父方、母方のそれぞれ1回ずつ、計2回読めれば理想ですが、心をこめてできるのなら1回でもかまいません。

こんな例がありました。ある老舗店のひとり娘が精神的にとても不安定で、通っていた大学にも行かなくなり、家で母親に暴力をふるう、と父親が悩んで相談に見えたのです。「政木フーチ」で測ると、母方の祖先にマイナス５００という極端に高い数値が出ます。

家系を調べてもらったら、何代か前のご先祖さまに外国でかなりの殺戮にたずさわったと思われる方がいました。おそらく殺された人たちのうらみは相当なものだったに違いありません。

すぐに母方の墓所に墓参りして、懺悔経を読むようにしてもらったところ、翌週から娘さんはつきものが落ちたようにケロリとした顔をして、大学に通うようになりました。

「政木フーチ」で勘が鋭くなると、運をたぐり寄せられる

「政木フーチ」を日常的に使っている人からよく言われることがあります。それは、勘が鋭くなったということです。

あるビジネスパーソンの男性は、いつも「振り子」と測定図表を持ち歩き、社会情勢の先行きから仕事先との相性、毎日の買い物まで、幅広く「政木フーチ」を使っていました。もう3年ほどになりますが、使えば使うほど、勘が鋭くなるのを感じているそうです。

あるとき、会社のイベントでじゃんけん大会がありました。総勢100人近くが参加するけっこうな人数でのじゃんけんでした。

そのとき、彼にはなぜか相手が何を出すかが、もわっとした感じで見えたというので

す。「あ、グーを出すな」と思ったので、パーを出したら勝ち、今度はパーが見えたので、チョキを出したら勝つ、という具合で、どんどん勝ち進んでいきました。

最後に三人が残って、そこで勝ち抜くと優勝です。二人を見ると、ひとりはパー、ひとりはグーが見えました。この勝負は自分がパーを出せば、グーの人が負けてひとり抜けます。その通りになって、最後に二人の一騎討ちになりました。相手がグーを出すと見えたので、自分はパーを出して、見事優勝したそうです。

「不思議ですね。いつもフーチを使っていると、フーチがなくても正解がわかる気がします。勘が磨かれて、判断にミスが少なくなるのです。運もよくなると思います」と彼は語っていました。彼は出社前に「懺悔経」も唱えているそうです。


もうひとり。大手化学メーカーをやめて、独立した50代の男性です。この10年ほど「政木フーチ」をやっていて、独立も、「政木フーチ」で最終的な決断をした方です。

独立を決める前、彼が在籍していた会社は過去最高の利益をあげていました。今やめるのはもったいない、と誰もが止めたのですが、彼は何となく嫌な予感にかられて、独立を急ぎました。

その勘は当たり、彼がやめた直後に会社に不祥事が見つかり、経営が大きく揺らいだのです。独立のタイミングは正解でした。

その後も、ふと嫌な予感がしてひと列車出発を早めたら、それ以降の列車はすべて止まってしまったとか、どうしても気分が乗らなくて、好条件の取引を断ったら、詐欺まがいの会社だったなど、危ないところをみな勘ですり抜けています。もちろん「政木フーチ」で確認もしているのですが、測る前から、勘が働くようになったそうです。

「政木フーチ」に習熟すると、脳が瞬時にアルファ波やシータ波に切り換わることができるので、勘が鋭くなって、いい運が引き寄せられるというわけです。

未来は小さな選択の連続でできています。

あのとき別の電車に乗っていたら？　あのときコーヒーではなく紅茶を頼んでいたら？　あのとき、あの人ではなく別の人に話しかけていたら？　あのとき、あの会社に転職していたら？　選択によって未来は変わります。

ですから、人は誰でも選択に迷うのですし、大きな選択を迫られているときは必ず運命の岐路に立たされているときです。そんなとき「政木フーチ」があれば、最善の道が選択できます。また、日頃から「政木フーチ」で勘を磨いていれば、無意識で行っている小さな選択も、よりよいほうを自然に選ぶことができるようになってきます。

そう考えると、未来は変えらます。運命を自分の手で切りひらいていくことができるのです。「政木フーチ」があれば、人生で迷うことはありません。

たとえ混沌とした激動の時代が来ようとも、「政木フーチ」が暗闇を照らす光になってくれると、私は信じています。

懺悔経《ざんげきょう》 ……天玉尊先生より

光明無辺自在法界《こうみょうむへんじざいほうかい》　常住《じょうじゅう》の諸天諸仏《しょてんしょぶつ》　今《いま》この土《ど》に無限《むげん》の慈悲《じひ》なる愛《あい》をたれ
清浄《しょうじょう》なるこの道場《どうじょう》に降臨《こうりん》せしめ給《たま》へ　一心敬礼言上《いっしんきょうらいごんじょう》し奉《たてまつ》る

南無《なむ》　無常根本大聖尊顕照之大本尊《むじょうこんぽんだいせいそんけんしょうのだいほんぞん》
南無《なむ》　真実常在証明多宝如来《しんじつじょうざいしょうめいたほうにょらい》
南無《なむ》　無量劫来之諸大教主《むりょうこうらいのしょだいきょうしゅ》
南無《なむ》　出現天常立《しゅつげんあめとこだち》　国常立之大神《くにとこたちのおおかみ》
南無《なむ》　感応自在出現之観世音大菩薩《かんのうじざいしゅつげんのかんぜおんだいぼさつ》
南無《なむ》　出現元津諸々之大神《しゅつげんもとつもろもろのおおかみ》

南無《なむ》　大恩教主釈迦牟尼如来《だいおんきょうしゅしゃかむににょらい》
南無《なむ》　西王母阿弥陀如来《せいおうぼあみだにょらい》
南無《なむ》　出現高御産巣日《しゅつげんたかみむすび》　神産巣日之大神《かむみむすびのおおかみ》
南無《なむ》　文殊普賢《もんじゅふげん》　地涌出現之諸大菩薩《じゆしゅつげんのしょだいぼさつ》
南無《なむ》　出現天照大日霊之大神《しゅつげんあまてらすおおひるめのおおかみ》
南無《なむ》　過去応現世界弘教之聖師先哲《かこおうげんせかいぐきょうのせいしせんてつ》

仰《あお》ぎ願《ねが》わくば我等《われら》をして　未知《みち》を開《ひら》かし　三智三徳三力《さんちさんとくさんりき》を成就《じょうじゅ》なさしめて
予衆《よしゅう》に悉《ことごと》く功徳《くどく》を与《あた》へ給《たま》へ　我等《われら》六親遠々《ろくしんおんおん》に造《つく》れる罪《つみ》を懺悔《さんげ》す

我今応当於無量聖尊《がこんおうとうおむりょうせいそん》　常住御前至心発露懺悔《じょうじゅごぜんししんほつろさんげ》　無始善悪無知無明《むしぜんあくむちむみょう》
重罪起因縁故転転《じゅうざいきいんねんこてんでん》　諸難病造諸業罪障因縁《しょなんびょうぞうしょごうざいしょういんねん》　処処貪著悉満三界《しょしょとんぢゃくしつまんさんがい》
迷路流転従顛倒妄想起《めいろるてんじゅてんどうもうぞうき》　現象執着妄信《げんしょうしゅぢゃくもうしん》　我今無限慈愛光明《がこんむげんじあいこうみょう》
此夢幻迷闇照断《しむげんめいあんしょうだん》　真実懺悔一切懺悔業障消滅《しんじつさんげいっさいさんげごうしょうしょうめつ》　六情根懺悔《ろくじょうこんさんげ》
罪障消滅《ざいしょうしょうめつ》　一切懺悔罪業消滅《いっさいさんげざいごうしょうめつ》

奉六根清浄《ほうろっこんしょうじょう》　奉六根清浄　奉六根清浄　奉六根清浄　奉六根清浄
奉六根清浄　奉六根清浄　奉六根清浄　奉六根清浄　奉六根清浄

（懺悔経は意味をかみしめながら、唱えていただいたほうが効果的です。次ページに要旨をつけますので、参考になさってください。）

懺《ざん》悔《げ》経《きょう》（要旨）

菩薩の知恵（光明）は果てしなく（無辺）、真理（法界）は自在です。
永遠不変（常住）の天なる存在、もろもろの菩薩さま。今この世界に無限の慈悲なる愛をくださり
清らかなるこの道場に降臨してください。一心に敬い、申し上げます。

南無（真心をこめて）　すべての（無常）根本であり、偉大なる仏さま（大聖尊）が照らしあ
らわす（顕照）大本尊
南無　大いなる恩のある大教祖（大恩教主）であるお釈迦さま
南無　真実がつねにあると明らかにされる多宝如来さま
南無　女神である（西王母）阿弥陀如来さま
南無　はかりしれない（無量）永劫の（劫来）のもろもろの大教祖さま

南無　天地開闢《かいびゃく》であらわれた造化三神である高御産巣日と神産巣日の神さま
南無　造化三神についであらわれた天常立と国常立の神さま
南無　知恵の仏さまである文殊普賢さまと無数（地湧出現）の大菩薩さま
南無　人の心を受け止めてどこにでもあらわれる（感応自在出現）観音さま
南無　天照大神さま
南無　すべての親である（元津）もろもろの神さま
南無　過去から現在に教えを導く（弘教）尊い師や優れた先生たち

仰ぎ見て、願うのは、私たちの知らなかった世界（未知）を知らしめ、三つの知恵（世間の知恵、自分のための知恵、人のための知恵）と三つの徳（人に恵みを与える徳、煩悩を断ち切る徳、知恵を持って平等に見る徳）と三つの力（修行の力、慈悲の力、自分に備わった仏性の力）を成就させ、私（予）とそれ以外の多くの人（衆）すべてに功徳を与えてください。私たち六親（父母兄弟妻子）、さらにはるか祖先がつくった罪を懺悔します。

私は今、はかりしれない（無量）尊い方々（聖尊）に対しています（応当）。永遠不変（常住）の御前に真心（至心）をもって、懺悔をあらわします。善悪も、無知も、知恵がないこと（無明）もずっと続いています（無始）。重い罪は因縁から起き、それゆえ次々と受け継がれています（転転）。いろいろな難病をつくり、いろいろ業罪が悟りを妨げる因縁です。いたるところでむさぼり、執着し（貪著）、ことごとく三界（欲界、色界、無色界）に満ちています。迷路に迷い、転々と流れ、逆さまになったり、戻ったり（従顛倒）、妄想が起きたり、あらわれることがら（現象）に執着し、盲信します。私は今はかりしれない慈愛と知恵（光明）を求めています。

この夢幻や迷う闇を照らし、断ってください。真実を懺悔します。いっさいを懺悔します。業障を消滅させてください。六情根（目、耳、鼻、舌、身、意）の罪を懺悔します。罪障を消してください。すべての罪業が消えるよう、いっさいを懺悔します。

六根（目、耳、鼻、舌、身、意）が清浄になりますようお願いいたします。（以下同）

〈巻末付録〉 測定図表

◉コピーをして、または切り取ってご使用ください。

測定図表① 年齢や収入など数字的なことを測定するのに使用できます。

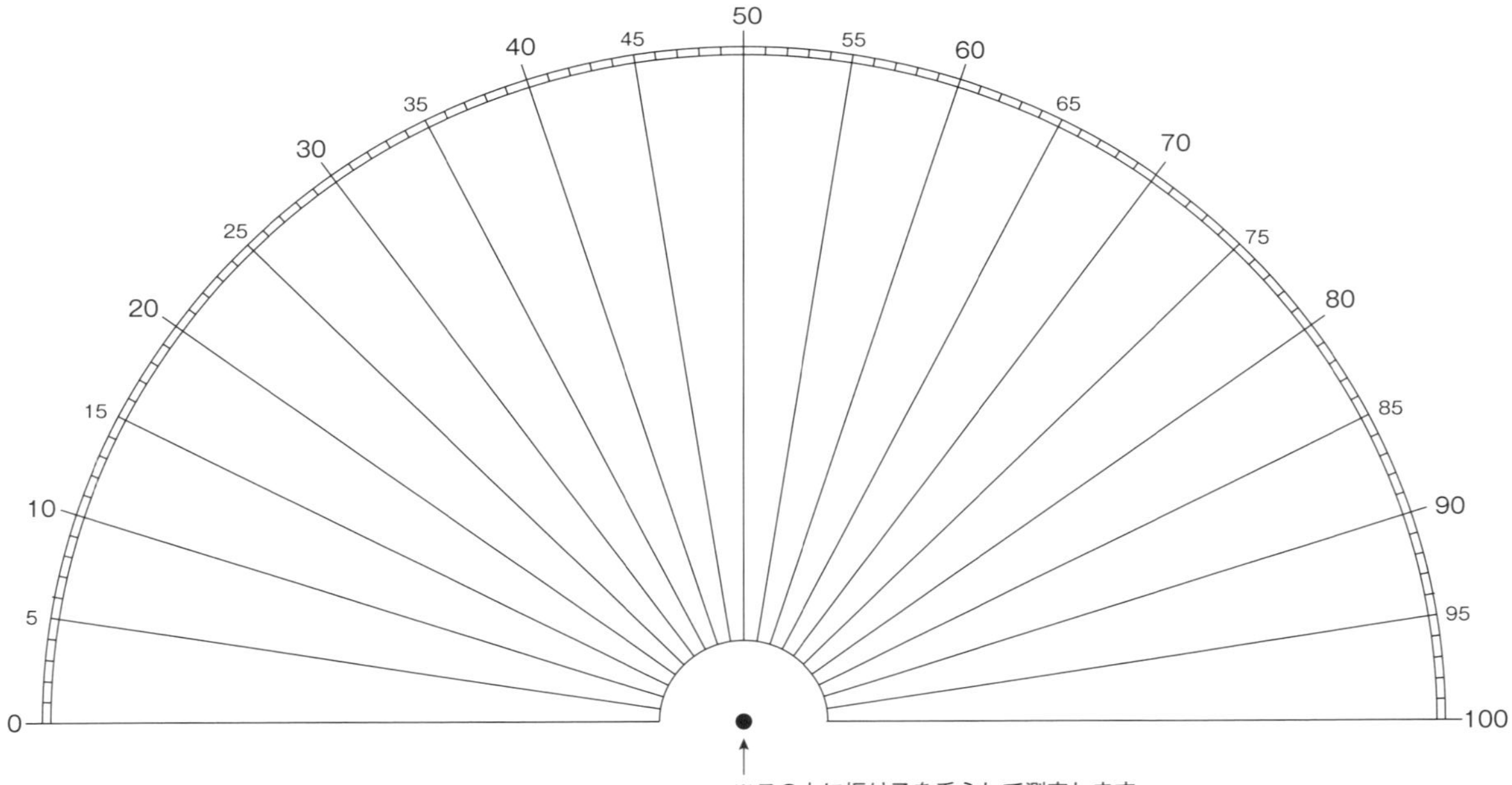

※この上に振り子を垂らして測定します

測定図表② 自分にとってそれがどれぐらいプラスかマイナスかを測定するのに使用できます。

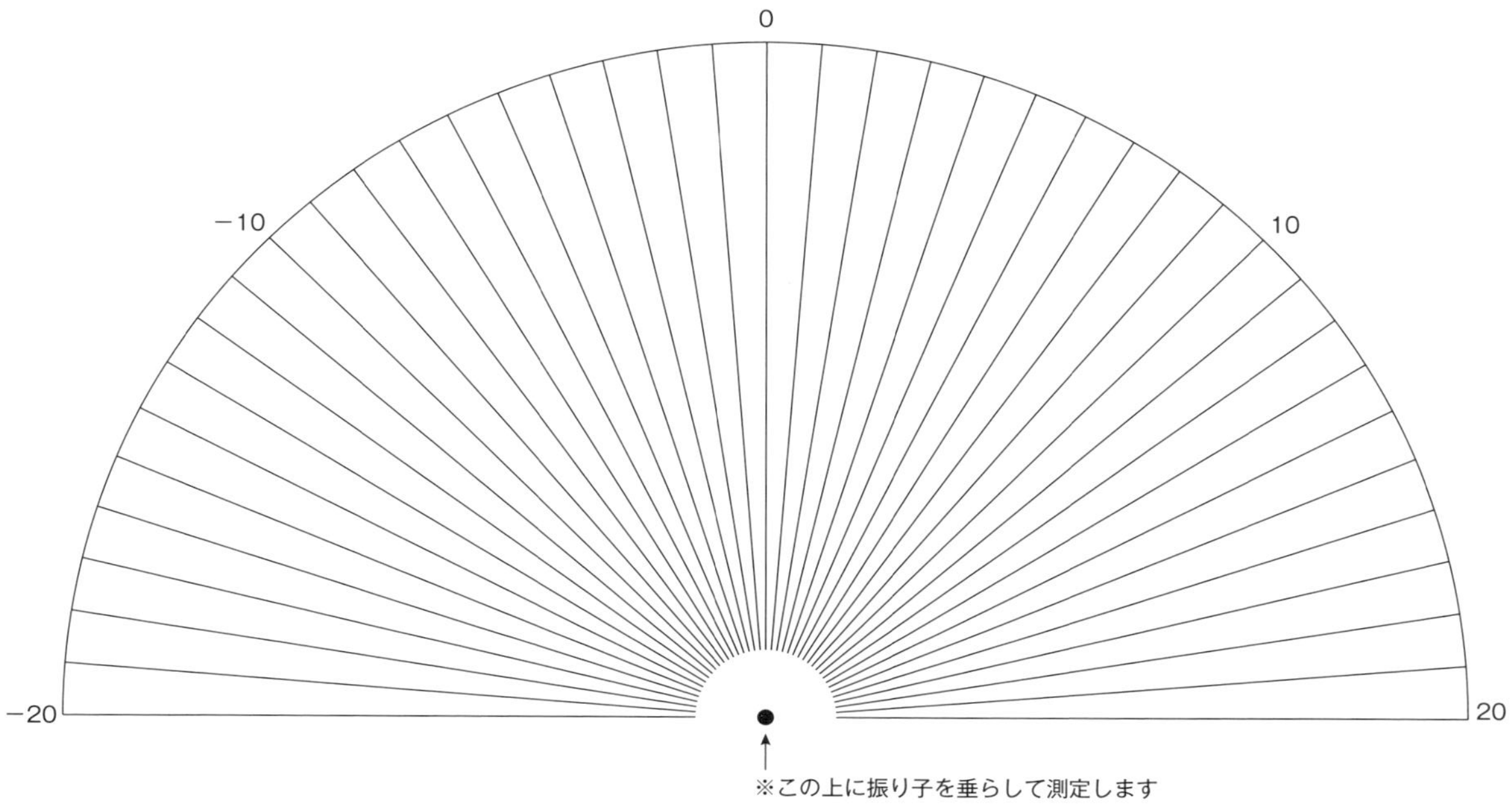

測定図表③ ガンの部位を測定するのに使用できます。

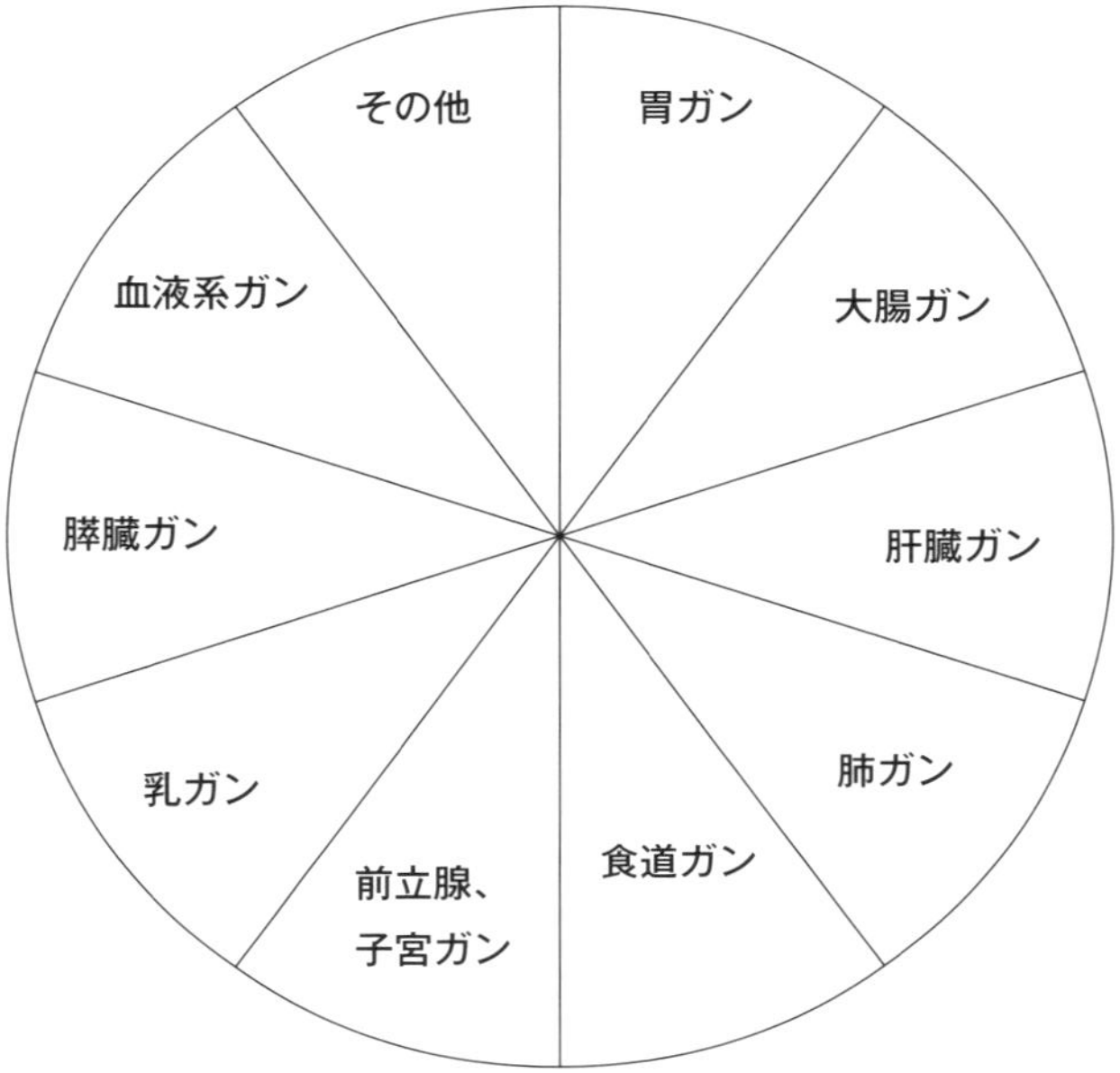

※振り子は円の中心に垂らして測定します

測定図表④ 複数の選択肢から自分に最適なものを測定するのに使用できます。

空欄に選択肢を書き込んでください。選択肢の数に合わせて円を均等割りして図表を作成してもけっこうです。

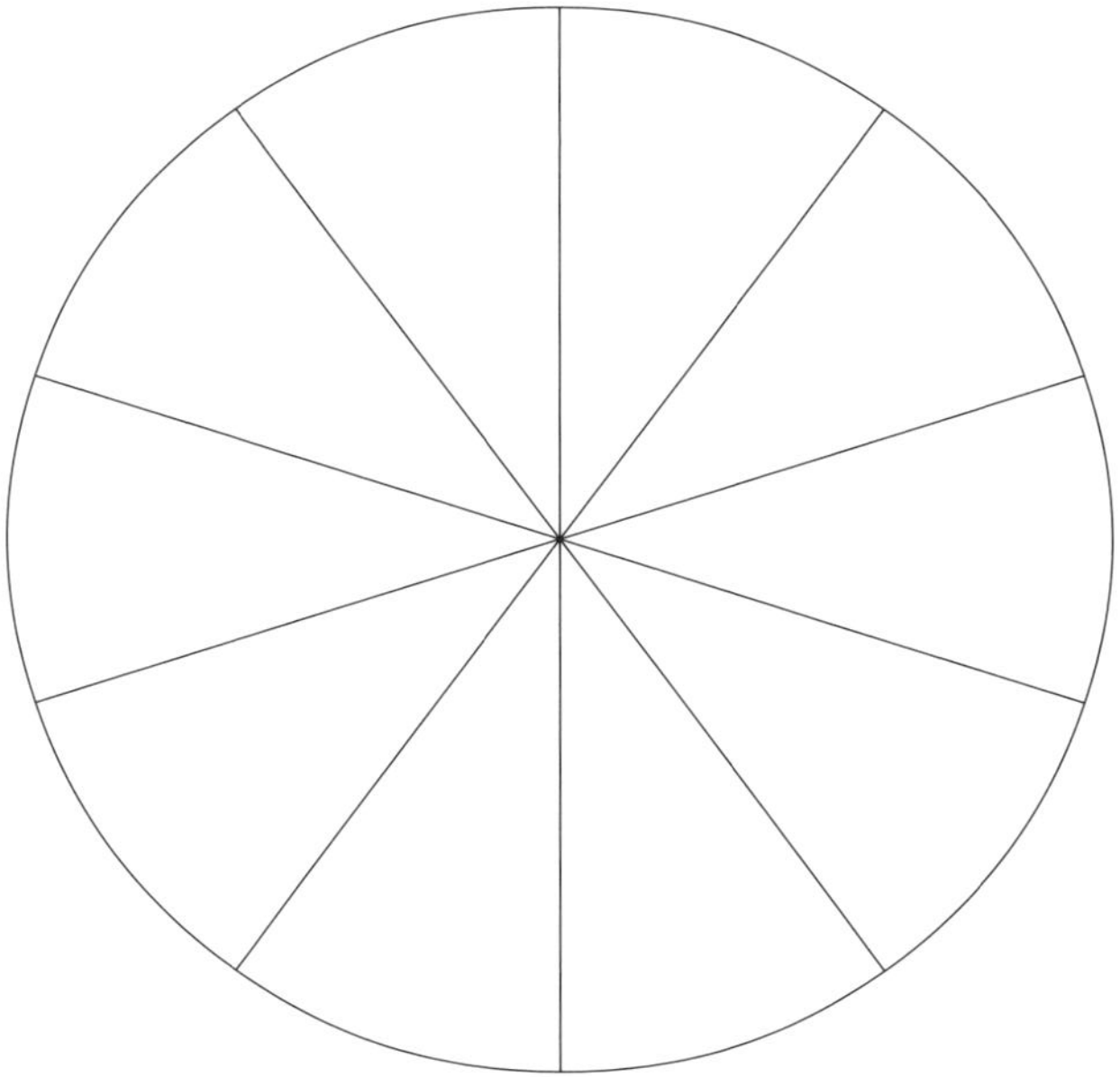

※振り子は円の中心に垂らして測定します

測定図表⑤ 父はこの図表を使ってすべての測定を行っていました。一般の方は、掲載したほかの図表も活用なさると便利です。

測定図表②と同じように使用できます。

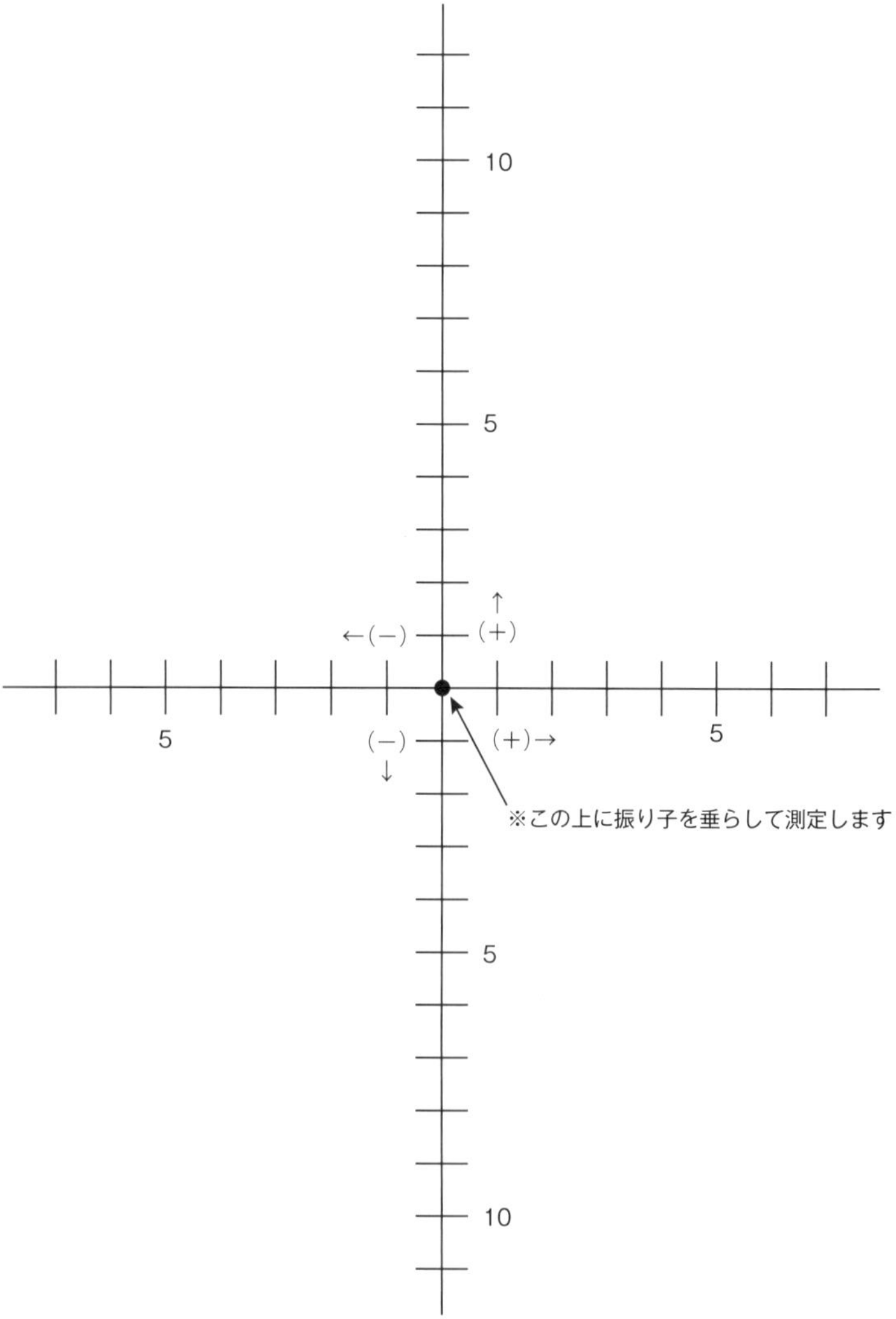

●著者略歴
政木和也（Kazuya Masaki）
1953年、大阪府豊中市に「政木フーチ」を考案した政木和三の長男として生まれる。滋賀大学大学院修士課程修了後、岡山県の林原生物化学研究所勤務を経て、現在は会社役員、顧問、総合コンサルタント。父の遺志を継ぎ、「政木フーチ」を使って世の中のお役に立てるようにと、精神エネルギー、健康、経営、風水などさまざまな問題を研究している。父同様、閣僚、国会議員、企業経営者等の政財界の重鎮をはじめ、ビジネスや対人関係、病気などの悩みを抱える人々に「政木フーチ」を使ったコンサルティングを行い、アドバイスを贈る。これまでに行った人間性測定の累計は２万人以上。多数の企業の要望で開催している「政木フーチ」セミナーは、遠方からの参加者も多い人気セミナーとなっている。著書に『未来を変える「政木フーチ」』（晋遊舎）がある。
〈講演・セミナー等問い合わせ先〉https://masaki-fuchi.jp

運命を切りひらく「政木フーチ」

2020年9月18日　初版第1刷発行

著者　政木和也

発行人　沢井竜太
発行所　株式会社 晋遊舎
〒101-0051 東京都千代田区神田神保町 1-12
電話 03-3518-6861（営業部）
https://www.shinyusha.co.jp/
印刷・製本所　共同印刷株式会社
DTP 製作　伏田光宏（F's factory）
JASRAC 出 2006678-001
ISBN 978-4-8018-1494-3 C0095